¡Gramática!

de la lengua española

Mit Vergleichen zur englischen und französischen Grammatik

von
Rudolf Dorn
Javier Navarro Gonzalez
Jochen Strathmann

Ernst Klett Verlag
Stuttgart · Leipzig

1. Auflage 1 5 4 3 2 1 | 16 15 14 13 12

Alle Drucke dieser Auflage sind unverändert und können im Unterricht nebeneinander verwendet werden.
Die letzte Zahl bezeichnet das Jahr dieses Druckes.

Autoren: Rudolf Dorn, Hüttlingen; Javier Navarro Gonzalez, Erlangen; Dr. Jochen Strathmann, Frankfurt
Beratung: Prof. Dr. Franz-Joseph Meißner, Linden

Redaktion: Simone Roth, Sonja Schafft
Gestaltung: Miriam Brusniak

Illustrationen: Sven Palmowski, Barcelona
Druck: Druckhaus Götz GmbH, Ludwigsburg

Printed in Germany
ISBN 978-3-12-538006-6

9 783125 380066

15 Der Indikativ El indicativo

16 Das *condicional* El condicional

17 Der *subjuntivo* El subjuntivo

21 Präpositionen und Konjunktionen Las preposiciones y las conjunciones

22 Direkte und indirekte Rede El estilo directo e indirecto

23 Besonderheiten der spanischen Sprache Las particularidades de la lengua española

24 Zahlen und Uhrzeit Las cifras y la hora

Anhang

Vorwort

Mit der *¡Gramática! de la lengua española* versuchen wir der Erkenntnis der Lernpsychologie, der zufolge die Berücksichtigung des lernrelevanten Vorwissens der Lernenden einen ganz wesentlichen Faktor für das erfolgreiche Lernen darstellt, Rechnung zu tragen sowie zu berücksichtigen,

- dass die Spanischschüler bereits ihre Muttersprache gelernt und sich in ihr „eingerichtet" haben; für die meisten von ihnen ist dies hierzulande das Deutsche,
- dass nicht wenige von ihnen neben nahezu muttersprachlichen Kenntnissen in der Umgebungs- und Unterrichtssprache Deutsch über elaborierte Kenntnisse in einer weiteren Sprache, z. B. der ihrer Familie, verfügen,
- dass die meisten Lernenden zudem Kenntnisse im Englischen vorweisen, die die Niveaustufe B1 des *Gemeinsamen europäischen Referenzrahmens für Sprachen* erreichen oder überschreiten,
- dass viele von ihnen prozedural (*can do* oder *wissen wie*) und deklarativ (*know what* oder *wissen was*) über grundlegende Kenntnisse einer romanischen Grammatik, größtenteils der französischen, verfügen,
- dass viele Schüler zudem deklarative Kenntnisse im Lateinischen besitzen.

Es würde zu kurz fassen, wollte man die lernrelevanten Vorkenntnisse auf das rein (mehr)sprachliche Wissen beschränken. So kommen die Schüler nicht nur mit **Kenntnissen** in verschiedenen Sprachen in den Spanischunterricht. Sie verfügen zudem über **Lern- und Unterrichtserfahrungen** in mehreren Sprachen wie Englisch, Französisch, Latein oder Russisch, d. h. über Erfahrungen, die die eigene Person als Sprachenlerner mit unterschiedlichen Sprachlernerlebnissen betreffen. Des Weiteren haben sie in einer zunehmend multikulturellen und vielsprachlichen europäischen Gesellschaft (Reisen, Besuche, internationale Schulprojekte usw.) viele Erfahrungen mit **interkultureller Kommunikation** in verschiedenen Sprachen, Situationen und sozialen Rollen gemacht. Und schließlich begegnet ihnen in Fernsehen und Internet eine Vielzahl von Sprachen in ihrer **akustischen** und **visuell-kommunikativen Gestalt.**

Die Wissenschaften vom Lernen fremder Sprachen betonen übereinstimmend neben dem Faktor Motivation die überragende Rolle des lernrelevanten Vorwissens. Dies bedeutet, dass es im Unterricht einer spät erlernten Fremdsprache darauf ankommt, das unbewusste Wissen in enaktives, bewusstes und benutztes Wissen umzuwandeln. Wesentlich ist hier die Bedeutung des **Transfers**, den die Mehrsprachigkeitsdidaktik wie folgt differenziert nach:

1. Identifikationstransfer, also das Übertragen identischer sprachlicher Formen und Funktionen, und zwar innerhalb eines einzelnen sprachlichen Systems (intralingual) oder sprachenübergreifend (interlingual),
2. Produktionstransfer, also das Übertragen einer erlernten Struktur auf eine neue Sprache,
3. didaktischer Transfer, also der Transfer von Lernerfahrungen.

Jeder sprachliche Transfer verläuft vorwärts- und / oder rückwärtsgerichtet, d. h. von einer sog. Brückensprache zu einer Zielsprache oder von der Zielsprache zurück in die Brückensprache. Ausgelöst wird ein Transfer durch das abgleichende Erkennen einer intra- bzw. interlingualen Ähnlichkeit (oder Verschiedenheit) im Vergleich zu einem schon bekannten formalen, semantischen oder grammatikalischen Schema. Im Unterricht einer „spät erlernten" Fremdsprache wie Spanisch spielt ein solches Vergleichen sprachlicher Strukturen und Funktionen eine wichtige Rolle.

Zielführendes Vergleichen, Lernen und hierbei das eigene Lernhandeln einbeziehen können, gilt in der Fremdsprachendidaktik gemeinhin als ein Kennzeichen des „guten Sprachenlerners". Ziel unserer Mehrsprachengrammatik ist es, dazu beizutragen, Lerner zu guten Sprachenlernern zu machen.

Für die meisten Lerner ist Spanisch insofern keine gänzlich unbekannte Fremdsprache, als sie in deren Wortschatz und Grammatik schon bekannte Strukturen und Funktionen vorfinden, über die sie deklarativ und / oder prozedural bereits verfügen. In der didaktischen Steuerung kommt es nun darauf an, zu identifizieren, was lernerseitig wirklich neu, was schon bekannt und daher vergleichsweise leicht zu erwerben ist.

Nach der sog. **Markiertheitshypothese** gelten die Strukturen einer Zielsprache als „schwer", die von denen verschieden sind, die Lerner in einer ihnen bekannten Sprache bereits kennen, und solche, die in der Zielsprache eine Markierung mehr aufweisen als in der Brückensprache. So verlangt die Verwendung von span. *ser* versus *estar* Entscheidungen, die sich für dt. *sein*, engl. *to be* oder frz. *être* vordergründig nicht stellen.

„Leicht" sind hingegen Strukturen, die sich in der Zielsprache zwar von der Brückensprache unterscheiden, jedoch im Vergleich zu dieser weniger markiert sind. Dies ist z. B. für spanischsprachige Deutschlerner für den Gebrauch von dt. *sein* oder *Fisch* (span. *pez* versus *pescado*) der Fall.

Das interlinguale Vergleichen korrespondierender sprachlicher Strukturen ist nicht nur von Bedeutung für die Identifikation von „schwer" und „leicht" zu Erlernendem. Es begründet vor allem lernökonomische Effekte. Wenn man z. B. umgangssprachlich sagt: Das Wort *farmacia* ist so ähnlich wie a) *pharmacy* und b) *pharmazeutisch*, so heißt dies, dass „neu" zu erlernen lediglich der Wechsel des Anfangsbuchstabens engl. *ph-* zu span. *f-*, der Wechsel der Endung *-y* zu *-ia* und die spanische Aussprache des Wortes /farmáθia/ ist. Es heißt aber auch, dass a) und b) bereits feste Bestandteile des mentalen Lexikons (Wortbedeutung) der Lernenden sind und daher nicht mehr neu erworben werden müssen. Hieran muss die Spanischdidaktik vernünftigerweise anknüpfen!

Die *¡Gramática! de la lengua española* versucht genau dies: Sie umfasst die Basisgrammatik der spanischen Sprache nach einer vergleichsweise traditionellen Anordnung. Das Novum ist, dass sie, wenn immer dies didaktisch sinnvoll erscheint, den spanischen Beispielen auch die entsprechenden Informationen zum Deutschen und den hierzulande sehr verbreiteten Schulfremdsprachen Englisch und Französisch sowie Latein hinzufügt. So ruft sie unbewusstes Wissen wach, das beim Erlernen des Spanischen hilfreich ist. Dabei verliert sie nicht aus den Augen, dass die „Fehlerprophylaxe" auch zugunsten der vorgelernten Sprachen wirken muss. Sie trägt also dem Wunsch der Spanischlerner nach Mehrsprachigkeitskompetenz Rechnung.

Unsere Mehrsprachengrammatik bietet weder eine platte Auflistung von Parallelsätzen, noch beabsichtigt sie, umfassend deskriptiv-komparatistische Erklärungen zu liefern. Sie verfolgt kein linguistisch-deskriptives, sondern ein pädagogisches Ziel. Entscheidende Kriterien für die Sprachbeispiele und ihre Darstellung in verschiedenen Sprachen sind

- die oben erklärte Markiertheit der Struktur,
- die Fehlerprophylaxe sowie
- Festigungseffekte durch den mehrsprachlichen Vergleich.

Ein Beispiel: **Es una novela mía.**
Ce roman est à moi.
Es ist mein Roman. / Es ist ein Roman von mir.

Im vorliegenden Fall unterscheiden sich das Spanische, Französische und Deutsche deutlich voneinander. Lerner werden durch das bloße, vergleichende Lesen der Sätze auf strukturelle Analogien und Unterschiede hingewiesen und für deren Schemata sensibilisiert, ohne dass ihnen diese explizit gemacht werden müssten – aber natürlich im Unterrichtsgespräch bei Bedarf gemacht werden könnten.

Zugleich klären sie Sprachenfragen bzw. „Sprachenhypothesen" und betreiben hierdurch bereits praktische Fehlerprophylaxe: „Kann ich auch **C'est un roman de moi* sagen?" Die Frage ist zu verneinen.
Die deutschen Beispiele helfen der weiteren Disambiguierung: Das Deutsche betont hier; oft ist auch eine Übersetzung mit *von mir, von dir* usw. möglich.

An derlei Sätzen lässt sich leicht nachvollziehen, warum das „interlingual vergleichende Lesen" die Sprachenbewusstheit fördert und zu einer tieferen Verarbeitung sprachlicher Strukturen führt. Die hiermit verbundene Vernetzung sprachlicher Phänomene sowie das Nachdenken über diese erklären die vergleichsweise höheren Behaltenseffekte.

Sprachen miteinander vergleichen, transferieren, selbstaufmerksam lernen, die eigenen Lernhandlungen analysieren und steuern können – dies sind zentrale Merkmale für effizientes und bewusstes Sprachenlernen, wie sie im Konzept des Autonomen Lernens begegnen.

Die *¡Gramática! de la lengua española* unterstützt eine aus Sicht des Spanischunterrichts und der Mehrsprachigkeitsdidaktik notwendige Entwicklung. Somit bleibt ihr nur Erfolg zu wünschen. Sie knüpft bei aller Innovation an eine gute Praxis des Spanischunterrichts an und führt diese konsequent weiter.

Gießen, den 31.01.2012
Prof. Dr. Franz-Joseph Meißner

Aufbau eines Grammatikkapitels

Einstieg
Am Anfang jedes Kapitels finden Sie eine kurze allgemeine Erklärung des behandelten grammatischen Phänomens mit Beispielsätzen oder einer Illustration.

Mehrsprachige Beispielsätze
Beispielsätze in anderen Sprachen werden nur dann aufgeführt, wenn sie lernförderlich sind. Dabei wird konsequent folgende Reihenfolge eingehalten: An erster Stelle stehen fett gedruckt die spanischen Beispielsätze, gefolgt von französischen, deutschen und englischen Beispielsätzen. Hinweise auf Latein stehen nur an Stellen, an denen sie nützlich sind.

Klare Struktur
Die Inhalte der *¡Gramática! de la lengua española* sind klar strukturiert, um das Lernen zu erleichtern. Beispiele und Formen sind deshalb immer links angeordnet, die Regeln stehen immer rechts. Mithilfe von Fettdruck, farbigen Hervorhebungen oder Pfeilen werden wichtige Zusammenhänge verdeutlicht.

Blauer Hintergrund
Beispielsätze, die die nebenstehende Regel nur veranschaulichen, sind nicht farbig hinterlegt. Wichtige Formen und zu lernende Beispiele sind dagegen durch eine blaue Hinterlegung hervorgehoben. Diese lenkt den Blick auf das Wesentliche und ermöglicht den Lernenden den Fokus auf das Wichtige zu lenken.

Fehlerprophylaxe
Am Ende jedes Kapitels finden Sie in der Rubrik *Para evitar errores…* wichtige sprachliche Tipps und Hinweise zur Fehlervermeidung.

Erklärung der Symbole
[!] Achten Sie auf diese sprachliche Besonderheit.
⚙ Fehlervermeidungs- und / oder Lernstrategie
➔ Verweis auf weitere Erklärungen

Aussprache, Betonung und Rechtschreibung
Pronunciación, acento y ortografía

Das Spanische wird meist ausgesprochen, wie es geschrieben wird. Die Betonung der Wörter ist für Sie kein Problem, wenn Sie die Betonungsregeln beherrschen.

§ 1.1 Die Aussprache La pronunciación

1. Ein Buchstabe, zwei unterschiedliche Aussprachen

Buchstabe	Laut	Beispiele	Aussprache wie ...
c + e, i	/θ/	**c**enar, pa**c**ien**c**ia	**th**anks
c + a, o, u, Kons.	/k/	**c**osa, **c**lase, to**c**ar, **c**umbre	ra**c**lée **k**önnen, **K**ern, **k**aputt s**k**ip
g + a, o, u, Kons. **gu** + e, i	/g/	**g**ato, **g**lobo, ten**g**o **gu**erra, **Gu**inea	**gu**irlande **g**eben, **g**ern **g**one
g + e, i	/x/	**g**eneral, pá**g**ina	Aa**ch**en
r	/r/	pe**r**o, t**r**es, ama**r**	**R**oma (ital.)
r n, l, s + **r** **rr**	/rr/	**r**ojo, **r**ubio al**r**ededor, is**r**aelí pe**rr**o, co**rr**er	azu**rr**o (ital.)
x	/ks/	e**x**amen, te**x**to	**x**énophobe
y	/ʎ/	**y**o, re**y**es	na**j**a (im Deutschen)
Vokal + **y**	/i/	so**y**, le**y**	**y**ellow

In Lateinamerika und in Teilen Spaniens sagt man /s/ anstatt /θ/.

Soll das u vor dem e oder i ausgesprochen werden, dann wird es ü geschrieben: *pingüino, vergüenza*. Ansonsten wird das u nicht gesprochen. Dieselbe Regel gilt im Französischen: *la guerre, guérir*.

Das spanische r ist ein gerolltes Zungen-R. Im Deutschen finden Sie Ähnliches bei bayerischen und fränkischen Sprechern.

Vor Konsonanten oder am Anfang des Wortes sollte man x wie ein /s/ aussprechen; im tatsächlichen Gebrauch wird diese Ausspracheregel meistens ignoriert.

2. Lautentsprechungen

Die Lautentsprechungen können Ihnen helfen, über andere Sprachen – Französisch, Deutsch, Englisch – nicht leicht verständliche Wörter im Spanischen zu erschließen. Dass einige spanische Wörter nicht gleich auf Anhieb zu erschließen sind, liegt daran, dass sich manche Laute im Laufe der Zeit kaum verändert haben, andere hingegen schon. Mithilfe der nachfolgend dargestellten Entsprechungen von Lautverbindungen werden manche Regelmäßigkeiten verdeutlicht und das Erschließen sowie die Aussprache erleichtert. (Das Zeichen __ bedeutet, dass diese Lautkombination in der jeweiligen Sprache keine Entsprechung hat bzw. wegfällt.)

[!] Einige Wörter lassen lautlich zwar noch eine gemeinsame Herkunft erkennen, haben ihre Bedeutung aber verändert. Bei diesen „falschen Freunden" sind daher keine 1:1-Übersetzungen möglich, z. B. span. *la hierba* (= dt. das Gras) – frz. *l'herbe (f.)* (= dt. das Gras) – aber: dt. *das Herbarium* = Sammlung getrockneter und gepresster Pflanzen.

Spanisch	Französisch	Deutsch	Englisch
-ie-: piedra, tierra, hierba	**-ie- / -e-:** pierre, terre, herbe	Petrus / Petra, Terrarium, Herbarium	herb
-ue-: rueda, bueno, huevo, nuevo	**-ou- / -o- / -oe- /-eu-:** roue, bon, oeuf, neuf	Rotation, Bonität, oval, Innovation	rotation, innovation
-e + ch-: leche, hecho, techo, estrecho, derecho	**-ai-:** lait, fait oder **-oi-:** toit, étroit, droit	Laktose, Fakt, direkt	straight, direct
-u-: lujo, aflujo, condujo, produjo, sujeto	**-u-:** luxe, afflux, conduit, produit, sujet	Luxus, fluktuieren, Konduktor, Produkt, Subjekt	
a- / -a- / -a: año, parte / partido, una, buena, Cristina	**a / -e:** an / année, part / parti, une, bonne, Christine	Annuität, Partei, Christina = Christine	annual partly, party
-ñ-: viña, campaña, señor, año	**-gn- / -n:** vigne, campagne, seigneur, an	Cognac, Kampagne, Senior	sir, senior, annual
-ll-: follaje, batalla	**-il(l)-:** feuillage, bataille	Folie, Bataillon	folio, battle
-ch- [tʃ]: ocho, noche, fachada	**-it / -ç-:** huit, nuit, façade	Oktave, Fassade	octave, facade
h-: hacer, hierro, haba, hoja	**f-:** faire, fer, fève, feuille	Fazit, Folie	foil
-b- [β]: río, jabón, saber, haber	**-v-:** rive, savon, savoir, avoir	haben	river, soap, have
-d-: rueda, cantada, prado	**__:** roue, chantée, pré	Prater, Kantate	rotation, cantata
-g-: fuego, lago, seguro	**__(c):** feu, lac, sûr		fire, lake, sure
ll- [ʎ]: llama (1), llamar (2), llave, lleno	**fl- / cl- / pl-:** flamme (1), [ac]clamer (2), clé, plein	Flamme (1), Plenum	flame (1), claim (2), key, plenty
j [x]: oreja, viejo / -a	**l(l):** oreille, vieil / -le [vieux]		aural
-ión / -ón: nación, razón	**-ion:** nation, raison	Nation, Räson	nation, reason
-dad, -tad: universidad, facultad	**-té:** université, faculté	Universität, Fakultät	university, faculty
es- + Kons.: estado, escuela, España, estómago, esclavo, espíritu	**é- / es- + Kons.:** état, école, espagne, estomac, esclave, esprit		state, school, Spain, stomach, slave, spirit
-gu-: igual	**__:** égal(e)	egal	equal
-z-: pozo, razón, brazo, cazar	**-s- / -s:** puits, raison, bras, chasser	Räson, geschasst	reason, chase

§ 1.2 Die Betonungsregeln Las reglas de acentuación

Wir können spanische Wörter immer auf der richtigen Silbe betonen – sogar zunächst unbekannte Wörter wie *infamia*, *artrítico*, *Evaristo* oder *jesuítico*. Dafür reicht es, die Betonungs- und Akzentregeln zu kennen.

1. Die Grundregeln für die Betonung und die Akzentsetzung

hablar, hotel, universidad	Alle Wörter, die auf einen Konsonanten (außer -n und -s) enden, werden auf der letzten Silbe betont.
viuda, fui	Bei allen Wörtern, bei denen -i und -u aufeinandertreffen, wird jeweils der zweite Laut betont.
interesante, hablan, gratis	Alle Wörter, die auf Vokal, -n oder -s enden, werden auf der vorletzten Silbe betont.
ánimo, perdón, difícil	Alle Wörter, die diesen Regeln nicht folgen, bekommen einen Akzent auf dem Vokal der betonten Silbe.

2. Wörter mit aufeinandertreffenden Vokalen

te-a-tro, hé-ro-e, lí-ne-a	Stehen zwei starke Vokale (a, e, o) zusammen, bilden sie zwei Silben.
bai-lar, su-cio, puer-tas, a-pren-déis	Steht ein schwacher und unbetonter Vokal (i, u) neben einem anderen Vokal, bilden beide einen Diphthong (Doppellaut) und damit eine Silbe.
pa-ís, rí-o, re-ú-ne	Ist der schwache Vokal (i, u) aber betont, bildet er keinen Diphthong und braucht einen Akzent.
le-er, cre-er	Jeder geschriebene Vokal entspricht – anders als im Deutschen – einem eigenen Laut, auch wenn derselbe Vokal zweimal hintereinander erscheint.

3. Der Unterscheidungsakzent

sol, luz, a, con, tal	Einsilbige Wörter werden in der Regel ohne Akzent geschrieben.
mí, sí	Es gibt aber einige Ausnahmen, um die Bedeutung der Wörter zu unterscheiden.

Wichtige Wörter mit Bedeutungsunterscheidung durch Akzentsetzung			
el río	der Fluss	¿Es él Juan?	Ist er Juan?
tu novio	dein Freund	¿Eres tú?	Bist du es?
mi casa	mein Zuhause	para mí	für mich
si vienes	wenn du kommst	Creo que sí.	Ich glaube, ja.
Mas no es así.	Es ist aber nicht so.	más gente	mehr Menschen
Se lava.	Er wäscht sich.	Lo sé.	Ich weiß es.
de Madrid	aus, von Madrid	No me dé dinero.	Geben Sie mir kein Geld.
el trabajo	die Arbeit	El trabajó.	Er arbeitete.

¿Con quiénes estáis?

Me preguntó dónde vivía.

¡Qué cansado estoy!

Fragepronomen werden immer mit Akzent geschrieben:
- in der direkten Rede,
- in der indirekten Rede,
- und in Ausrufesätzen.

§ 1.3 Die Rechtschreibung La ortografía

1. Anführungszeichen

Ella dijo: "Te necesito". / Ella dijo: «Te necesito».
Elle dit : « J'ai besoin de toi. »
Sie sagte: „Ich brauche dich."
She said, "I need you."

Im Spanischen gibt es zwei Arten von Anführungszeichen.

—¿Quién es usted? —preguntó Estela.
—Mi nombre es Ana Cecilia Mariani.

In Romanen findet man oft nur Spiegelstriche an Stelle von Anführungszeichen.

2. Das Komma

Das Komma wird im Spanischen manchmal anders verwendet als im Deutschen.

Hola, Juan:
Bonjour / Salut Juan,
Hallo Juan,

Komma nach *Hola*, zum Beispiel bei der Begrüßung im Brief.

No había nadie cuando llegó.
Il n'y avait personne quand il est arrivé.
Niemand war da, als er kam.

Creo que se llama Luis.
Je crois qu'il s'appelle Luis.
Ich glaube, dass er Luis heißt.

Kein Komma, wenn der Nebensatz nach dem Hauptsatz steht,

auch nicht vor *que* in Sätzen wie *me gusta que…*, *creo que…* usw.

Cuando llegó, me llamó. Il m'a appelé à son arrivée. Als er ankam, rief er mich an.	Steht der Nebensatz vor dem Hauptsatz, wird er durch ein Komma getrennt.
En su casa están su padre, su madre y unos amigos.	Komma steht auch bei Aufzählungen.

➔ Zum Kommagebrauch in Relativsätzen siehe § 9.2.

3. Der Doppelpunkt

Querida Sonia: ¿Cómo estás? Chère Sonia, comment vas-tu ? Liebe Sonia, wie geht es dir? Dear Sonia, How are you?	Im Spanischen wird, anders als im Deutschen, Französischen und Englischen, nach der Anrede in Briefen der Doppelpunkt verwendet. Danach wird – wie im Englischen – großgeschrieben.
Vendían muchas cosas: bolis, gomas, etc. Ils vendaient de tout : des stylos, des gommes, etc. Sie verkauften vieles: Kulis, Radiergummis usw. They sold a lot of things: ballpoints, rubbers, etc.	In der Regel wird im Spanischen – wie im Französischen und Englischen – nach dem Doppelpunkt kleingeschrieben.
César dijo: "Veni, vidi, vici". César dit : « Veni, vidi, vici. » Cäsar sagte: „Veni, vidi, vici." Caesar said: "Veni, vidi, vici."	Wird aber ein ganzer Satz zitiert, wird er großgeschrieben.

Para evitar errores . . .

1. Nationalitätsbezeichnungen:

Im Spanischen werden Nationalitätsbezeichnungen durchgehend kleingeschrieben.
Aber achten Sie auf die Großschreibung derselben im Französischen, Deutschen und Englischen:

Personen	*Sprache*	*Adjektiv-Begleiter*
un español	**en español**	**el idioma español**
un Espagnol	en espagnol	la langue espagnole
ein Spanier	auf Spanisch	die spanische Sprache
a Spaniard	in Spanish	the Spanish language

2. Himmelsrichtungen:

Bei den Himmelsrichtungen gilt im Spanischen, wie auch im Französischen und Englischen, die Großschreibung für geografische Regionen:

en el norte	→	**América del Norte**	**hacia el sur**	→	**la Cruz del Sur**
au nord	→	l'Amérique du Nord	au sud	→	la Croix du Sud
in the north	→	North America	to the south	→	the Southern Cross

3. Komma im Spanischen:

Bei einleitenden oder eingeschobenen Adverbien, Adverbial- und Präpositionalkonstruktionen:

Los taxistas están en paro, por lo tanto, tenemos que tomar el autobús.
Les chauffeurs de taxis sont en grève, alors nous devrons prendre le bus.
Die Taxifahrer sind im Streik, weshalb wir den Bus nehmen müssen.

Lamentablemente, no ha podido venir a saludarme.
Malheureusement, il n'a pas pu venir me dire bonjour.
Leider konnte er nicht kommen, um Hallo zu sagen.

Der Artikel El artículo

el chico un chico	la chica una chica	Artikel begleiten ein Substantiv. Es gibt bestimmte (*el / los, la / las*) und unbestimmte (*un, una*) Artikel.

§ 2.1 Der bestimmte Artikel El artículo determinado

1. Die Formen

el hombre
l'homme

el libro
le livre

los hombres
les hommes

los libros
les livres

la mujer
la femme

la isla
l'île

las mujeres
les femmes

las islas
les îles

	männlich	**weiblich**
Singular	el señor	la señora
Plural	los señores	las señoras

2. *El* statt *la*

Singular			**Plural**
el alma	l'âme *(f.)*	die Seele	**las almas**
el hacha	la hache	die Axt	**las hachas**
el agua **el agua fría**	l'eau *(f.)* l'eau froide		**las aguas** **las aguas frías**
el aula **aber: la bonita aula**		das Klassenzimmer	**las aulas** **las bonitas aulas**
un(a) arma **una eficiente arma**			**las armas**
el habla			**las hablas**
el hambre			**las hambres**
aber: la abeja, la altitud			

Vor weiblichen Substantiven, die mit einem betonten *a* oder *ha* anfangen, wird im Spanischen im Singular *el* gebraucht, um den Sprachfluss zu erleichtern.
Das Geschlecht ändert sich aber dadurch nicht.
Steht zwischen Artikel und Substantiv ein Adjektiv, wird der weibliche Artikel verwendet *(la bonita aula)*.
Beim unbestimmten Artikel kann man zwischen *un* und *una* wählen.

[!] Das Wort *arte* bildet eine Ausnahme. Im Singular ist es immer männlich, im Plural immer weiblich:
el arte abstracto – las bellas artes.

3. Die Präpositionen *a* und *de* mit dem bestimmten Artikel

¿Por qué no vamos al cine?
Pourquoi est-ce que nous n'allons pas au cinéma ?

Mi amiga viene del norte de Alemania.
Mon amie vient du nord de l'Allemagne.

a + Artikel	*de* + Artikel
Vamos a la discoteca.	**la foto de la clase**
Allons à la discothèque (L'ARC).	la photo de la classe
Vamos al cine.	**la foto del profesor**
Allons au cinéma.	la photo du professeur

Der männliche Artikel *el* verschmilzt im Spanischen mit den Präpositionen *a* und *de*:
a + el → *al* und *de + el* → *del*.

Im Französischen verschmelzen
à + le → *au* und *de + le* → *du*.

§ 2.2 Der unbestimmte Artikel El artículo indeterminado

1. Die Formen im Singular

un chico — un garçon

una chica — une fille

	männlich	weiblich
Singular	**un amigo** un ami	**una amiga** une amie

Der unbestimmte Artikel Singular wird im Spanischen seltener verwendet als im Deutschen oder Französischen.

2. Die Form *unos, -as* – artikelähnliche Wörter in anderen Sprachen

Por aquí hay unas tiendas y unos bares muy interesantes.
Par ici, il y a des magasins et des bars très intéressants.

Voy a ver a unos amigos.
Je vais voir quelques amis.
Ich werde einige Freunde besuchen.
I'm going to visit some friends.

Im Spanischen gibt es die Pluralform *unos, -as*; sie bedeutet *einige, ein paar* und wird oft nicht übersetzt.

Tiene unos vecinos simpáticos.
Il a des voisins sympathiques.
Er hat __ sympathische Nachbarn.

Tengo unos doscientos euros.
J'ai environ deux cents euros.
Ich habe etwa zweihundert Euro.
I have about two hundred euros.

Unos, -as kann auch *ungefähr* bedeuten.

Tengo unas gafas muy caras.
J'ai des lunettes très chères.
Ich habe eine teure Brille.
I have some expensive glasses.

Bei *unas gafas, unas tijeras* und *unos pantalones*, die immer im Plural verwendet werden, steht im Deutschen der Singular.

§ 2.3 Unterschiedlicher Gebrauch des Artikels Uso diferente del artículo

1. Artikel im Spanischen

El señor Martínez es muy simpático. __* Monsieur Martínez est très sympathique. __ Herr Martínez ist sehr nett. __ Mister Martínez is very nice.	Der Artikel wird im Spanischen verwendet: • vor *señor, doctor* etc., wenn von ihnen gesprochen wird,
Aber: **¡Doctora López!** Docteur López ! Frau Doktor López! Doctor López!	aber: In der direkten Anrede steht kein Artikel;
Todas las semanas hago deporte. Je fais du sport toutes les semaines.	• nach *todo, todos* etc.,
Yo no juego al fútbol. Je ne joue pas au foot.	• nach *jugar a,*
María sabe tocar la guitarra. María sait jouer de la guitare. María kann __ Gitarre spielen. María plays the guitar.	• nach *tocar,*
Los lunes Luisa viene a las cinco. Le lundi, Luisa vient à __ cinq heures. Montags kommt Luisa um __ fünf Uhr.	• bei den Wochentagen und bei der Uhrzeit,
Joaquín tiene el pelo negro. Joaquín a les cheveux noirs.	• bei Körperteilen,
Los perros son muy fieles. Les chiens sont très fidèles. __ Hunde sind sehr treu.	• bei allgemeinen Aussagen.

* Der grüne Unterstrich bedeutet, dass es in der jeweiligen Sprache keine Entsprechung gibt.

2. Kein Artikel im Spanischen

Yo nací en __ septiembre.
Je suis né en __ septembre.

Aber: **Esto pasó en el otoño de 2011.**
Cela s'est produit en __ automne 2011.

Der Artikel wird im Spanischen nicht verwendet:
- bei Monatsnamen und Jahreszeiten, es sei denn, sie sind näher definiert;

Yo voy en __ bici al instituto.
Je vais en __ vélo à l'institut.
I go to school by __ bike.

- bei Transportmitteln,

Julio se bebió __ medio vaso de agua.
Julio a bu un demi-verre d'eau.
Julio hat ein halbes Glas Wasser getrunken.
Julio drank half a glass of water.

Voy a buscar __ otro coche mejor.
Je vais chercher une autre voiture, une meilleure.
Ich werde ein anderes, besseres Auto suchen.

- vor *otro* und *medio*,

Francisco lleva __ corbata.
Francisco porte une cravate.
Francisco trägt eine Krawatte.

Aber: **Francisco lleva una corbata muy bonita.**
Francisco porte une cravate très belle.
Francisco trägt eine sehr schöne Krawatte.

- nach *llevar* und *vestir*, sofern das Kleidungsstück nicht näher definiert wird,

  aber: Wird das Kleidungsstück näher beschrieben, steht der Artikel.

Para evitar errores . . .

1. **Artikel im Spanischen:**

El cincuenta por ciento de los jóvenes que fuman tienen el permiso de sus padres.
__ Cinquante pour cent des jeunes qui fument ont la permission de leurs parents.
__ Fünfzig Prozent der Jugendlichen, die rauchen, haben die Erlaubnis ihrer Eltern.
__ Fifty per cent of the teenagers who smoke have their parents' permission.

Usted tiene que girar a la derecha y después a la izquierda.
Vous devez tourner à __ droite et puis à __ gauche.
Sie müssen erst nach __ rechts abbiegen und dann nach __ links.
First you have to go (to the) right and then (to the) left.

—¿A qué hora nos encontramos? —Nos encontramos a las tres.
- A quelle heure est-ce qu'on se retrouve ? - On se retrouve à __ trois heures.
„Wann treffen wir uns?" „Wir treffen uns um __ drei Uhr."
"When are we going to meet?" "We are going to meet at __ three o'clock."

2. **Kein Artikel im Spanischen:**

El año pasado hemos viajado a __ Suiza.
L'année passée, nous avons fait un voyage en __ Suisse.
Letztes Jahr sind wir in die Schweiz gereist.
Last year we travelled to __ Switzerland.

Mi amigo es de __ Turquía.
Mon ami vient de __ Turquie.
Mein Freund ist aus der Türkei.
My friend is from __ Turkey.

Das Substantiv El sustantivo

—¿Me pongo el jersey rojo?
—No, el jersey verde me gusta más.
—¿Y qué tal la blusa rosa?
—También me gusta.

Das Substantiv oder Nomen steht meist in Verbindung mit einem Begleiter (Artikel etc.), durch den es näher bestimmt wird.
Im Spanischen gibt es kein Neutrum des Substantivs. Allerdings ist eine Substantivierung bestimmter Formen – *lo bello, lo más importante, lo económico* – durch den sächlichen Artikel *lo* möglich.

§ 3.1 Das Geschlecht der Substantive El género de los sustantivos

el hombre	**la mujer**
l'homme	la femme
der Mann	die Frau

1. Zwei Geschlechter

männlich		weiblich	
el **amigo**	l'ami *(m.)*	la **amiga**	l'amie *(f.)*
el **hotel**	l'hôtel *(m.)*	la **fiesta**	la fête
el **bar**	le bar	la **canción**	la chanson
el **coche**	la voiture	la **suerte**	la chance
el **móvil**	le mobile	la **playa**	la plage
el **lápiz**	le crayon	la **mesa**	la table

Die spanischen Substantive haben zwei Geschlechter: männlich (maskulin) oder weiblich (feminin).

Das Geschlecht eines Substantivs kann man grundsätzlich nicht aus einer anderen Sprache ableiten, vor allem wenn die verglichenen Sprachen nicht derselben Sprachfamilie angehören: *el coche, la voiture, das Auto*. In den romanischen Sprachen ist das Geschlecht ähnlicher Wörter aber fast immer gleich: *la luna, la lune, a lua (portug.)*.

Substantive auf *-o*		Substantive auf *-a*	
el **puerto**	le port	la **niña**	
el **abrigo**		la **tarjeta**	
el **disco**	le disque	la **vida**	la vie
el **caballo**	le cheval	la **cama**	
el **libro**	le livre	la **sopa**	la soupe
el **vino**	le vin	la **araña**	l'araignée *(f.)*

Die meisten spanischen Substantive auf *-o* sind männlich, und die meisten Substantive auf *-a* sind weiblich.
Dies entspricht weitgehend dem lateinischen *-us / -a* *(amicus / amica)*.

la **foto**(grafía)	la photo	el **problema**	le problème
la **disco**(teca)	la discothèque	el **día**	
la **moto**(cicleta)	la moto	el **planeta**	la planète
la **mano**	la main	el **tema**	le thème
la **dinamo**	la dynamo	el **trauma**	le traumatisme

Es gibt aber einige Ausnahmen, z. B. bei Wörtern aus dem Griechischen.
Im Deutschen begegnet uns z. B. das Trauma, das Problem, das Thema, usw.

→ Für den bestimmten Artikel vor Substantiven mit betontem *a-* oder *ha-* am Anfang siehe § 2.1.

2. Typische Endungen männlicher oder weiblicher Substantive

el masaje	le massage			Wie im Französischen (*-age*) sind im Spanischen alle Substantive auf *-aje* männlich. Anders dagegen im Deutschen: *die Garage, die Courage, die Massage*. (Sie sollten also nicht vom Deutschen ausgehen.)
el garaje	le garage			
el paisaje	le paysage			
el peaje	le péage			
el coraje	le courage			

el amor	l'amour *(m.)*	**el dolor**	la douleur	Die meisten spanischen Substantive auf *-or*, *-ón*, *-an* und *-án* sind ebenfalls männlich (Ausnahme: *la flor*).
el error	l'erreur *(f.)*	**el terror**	la terreur	
el olor	l'odeur *(f.)*	**el sabor**	la saveur	
el perdón	le pardon	**el camión**	le camion	
el plan	le plan	**el huracán**	l'ouragan *(m.)*	

la canción	la chanson	**la verdad**	la vérité	Alle Substantive auf *-ción*, *-sión*, *-dad*, *-tad*, *-tud* oder *-umbre* sind im Spanischen weiblich, ebenso ihre Entsprechungen im Französischen und Deutschen (Expansion, Nationalität, Station).
la relación	la relation	**la bondad**	la bonté	
la traducción	la traduction	**la amistad**	l'amitié *(f.)*	
la expresión	l'expression *(f.)*	**la libertad**	la liberté	
la televisión	la télévision	**la multitud**	la multitude	
la tensión	la tension	**la ciudad**	la cité	
la incertidumbre	l'incertitude *(f.)*	**la costumbre**	la coutume	

Pero se escribe con una erre y _perro_ con dos.
« Pero » s'ecrit avec un *r* et « perro » avec deux *r*.

Die Buchstaben sind im Spanischen immer weiblich, im Französischen hingegen männlich.

Mi número favorito es el 13.
Mon chiffre préféré est le 13.

Die Zahlen sind im Spanischen – wie im Französischen – männlich.

El azul es mi color favorito.
Le bleu est ma couleur préférée.

Die Farben sind im Spanischen – und Französischen – ebenfalls männlich.

An der Form des Adjektivs kann man das Geschlecht des Substantivs erkennen. Im Französischen gibt es dafür oft ein Merkmal mehr als im Spanischen: *ma couleur préférée*. Die romanischen Sprachen markieren das Geschlecht also z. T. mehrfach.

3. Das Geschlecht der Berufsbezeichnungen

männlich	weiblich
el secretario	la secretaria
el enfermero	la enfermera
el ingeniero	la ingeniera
el diseñador	la diseñadora

Viele Berufsbezeichnungen haben eine männliche und eine weibliche Form.
Dabei zählt stets das natürliche Geschlecht.

el / la recepcionista
le / la réceptionniste

el / la estudiante
l'étudiant / l'étudiante

Berufsbezeichnungen auf *-ista* oder *-nte* haben meistens nur eine Form für beide Geschlechter. Das Geschlecht erkennt man dann nur am Artikel. Gleiches gilt für manche Berufsbezeichnungen im Französischen, die auf *-iste* enden.

[!] Es gibt auch Substantive, bei denen sich die weibliche von der männlichen Form stärker unterscheidet:
el actor – la actriz; el rey – la reina; el alcalde – la alcadesa; el poeta – la poetisa.
Im Französischen gibt es ähnliche Fälle: *l'acteur – l'actrice; le roi – la reine.*

4. Das Geschlecht zusammengesetzter Substantive

el **sacacorchos (sacar + el corcho)** der Korkenzieher
el **lavavajillas (lavar + la vajilla)** die Spülmaschine

Substantive, die aus einem Verb und einem Substantiv bestehen, sind männlich.

5. Bedeutungsveränderungen durch unterschiedlichen Gebrauch der Artikel

el **capital**	le capital	das Kapital	la **capital**	la capitale	die Hauptstadt
el **cura**	le curé	der Pfarrer	la **cura**	la cure	die Kur
el **clave**		das Cembalo	la **clave**		der Code
el **frente**		die Front	la **frente**		die Stirn
el **orden**		die Ordnung	la **orden**		der Befehl

Einige Nomen können sowohl männlich als auch weiblich sein. Je nach Geschlecht ändert sich ihre Bedeutung.

§ 3.2 Der Plural der Substantive El plural de los sustantivos

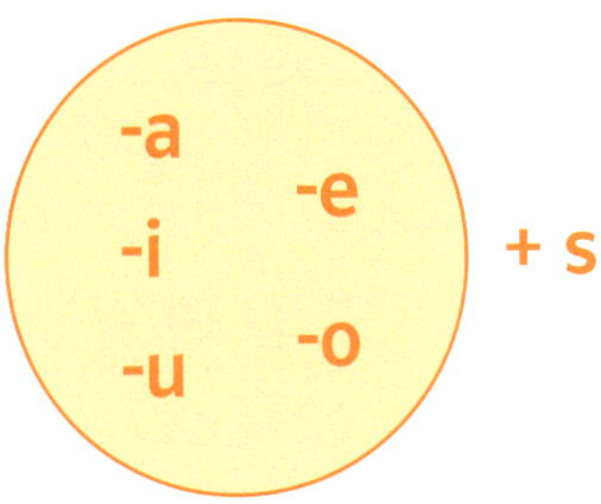

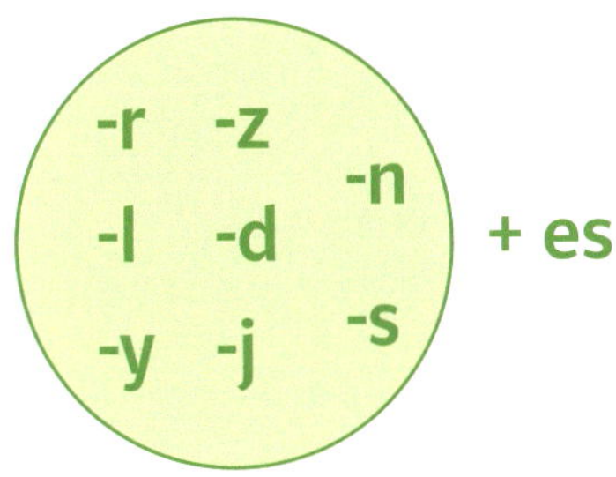

1. Plural der Substantive mit *-s*

Singular	Plural
el amigo la noche	los amigos las noches

Endet das Substantiv auf einen unbetonten Vokal, wird der Plural mit *-s* gebildet.

2. Plural der Substantive mit *-es*

Singular	Plural
el bar la ciudad	los bares las ciudades
el rey la ley	los reyes las leyes
el francés la dirección	los franceses las direcciones
el pez la vez	los peces las veces

Endet das Substantiv auf Konsonant, wird *-es* hinzugefügt.

Substantive, die auf Vokal *+ y* enden, bilden den Plural ebenfalls mit *-es* .

Bei Substantiven, die auf Konsonant enden und auf der letzten Silbe einen Akzent tragen, entfällt der Akzent im Plural.

Endet ein Substantiv im Singular auf *-z*, endet es im Plural auf *-ces*.

[!] Wenn ein Substantiv auf betonten Vokal endet, ist die spanische Sprache bei der Pluralbildung nicht immer konsequent: *el tabú – los tabúes* ⟷ *el menú – los menús*.

3. Substantive mit gleicher Form im Singular und Plural

el lunes el cumpleaños el sacacorchos	los lunes los cumpleaños los sacacorchos	Die Wochentagsbezeichnungen von *lunes* bis *viernes* sind im Plural unveränderlich. Zusammengesetzte Wörter, die auf *-s* enden, sind im Plural ebenfalls unveränderlich.

4. Substantive, die es nur im Plural gibt

las gafas les lunettes die Brille glasses	**las vacaciones** les vacances die Ferien holidays	**las Matemáticas** les mathématiques die Mathematik mathematics	Einige Wörter existieren im Spanischen, Französischen, Deutschen (z. B. Geschwister, Kosten, Leute) und Englischen nur im Plural.

5. Substantive, deren Bedeutung sich im Plural ändert

la letra la lettre der Buchstabe	**las letras** les (belles) lettres die Literatur	Manche Wörter können im Plural eine andere Bedeutung haben als im Singular.
el padre der Vater	**los padres** die Väter / die Eltern	

Para evitar errores…

1. Beachten Sie ein paar Besonderheiten bei den Substantivendungen:

- Weibliche Substantive, die auf *-o* enden:

una testigo	une témoin	eine Zeugin
la modelo	le modèle	das Fotomodell

- Ein Fall für sich:

el margen	la marge	der Rand; der Spielraum *(fig.)*
dar una orden	donner un ordre	einen Befehl geben
la sal	le sel	das Salz
la sangre	le sang	das Blut

2. Bedeutungsänderung bei Substantiven durch wechselndes Geschlecht:

el policía	le policier	der Polizist	**la policía**	la police	die Polizei
el cámara	---	der Kameramann	**la cámara**	la caméra	die Kamera
el parte	---	die Anzeige, der Bericht	**la parte**	la part / la partie	der Teil

el mar (geografisch) ⟷ **la mar** (poetisch) la mer das Meer the sea

3. Gleiches Geschlecht im Spanischen und Französischen; anderes Geschlecht im Deutschen:

la alarma	une alarme	der Alarm	**el banco** *(zum Sitzen)*	le banc	die Bank
la barba	la barbe	der Bart	**el chocolate**	le chocolat	die Schokolade
la plaza	la place	der Platz	**el grupo**	le groupe	die Gruppe
la radio	la radio	das Radio	**el millón**	le million	die Million

4. Spanische Substantive auf *-ción, -sión, -dad, -tad, -tud, -umbre* sind nicht nur im Spanischen, sondern, aufgrund des lateinischen Ursprungs, auch im Französischen weiblich:

natio *(f.)*	**la nación**	la nation	die Nation
civitas *(f.)*	**la ciudad**	la cité	die Stadt
virtus *(f.)*	**la virtud**	la vertu	die Tugend

Das Adjektiv El adjetivo

un edificio moderno
las casas antiguas

el buen_ vino / el vino bueno
el largo pasillo / el pasillo largo

Tengo una bicicleta cara.
Esta bicicleta es muy cara.
El alumno está enfermo.

Adjektive begleiten das Substantiv und sind in Geschlecht (männlich und weiblich) und Zahl (Singular und Plural) an das Substantiv angepasst. Sie können vor oder nach dem Substantiv stehen, was eine Bedeutungsverschiebung zur Folge hat (→ § 4.5). Adjektive können attributiv verwendet werden, mit direktem Bezug zum Substantiv. Sie können auch prädikativ verwendet werden, das heißt in Verbindung mit *ser* oder *estar* (→ § 4.4).

§ 4.1 Die Formen der Adjektive Las formas de los adjetivos

un museo moderno en Bilbao

una pirámide antigua en Guatemala

las casas pequeñas
les maisons petites

Im Spanischen und Französischen richten sich die Adjektive in Zahl und Geschlecht nach dem Substantiv, auf das sie sich beziehen.

1. Das Geschlecht

Endung	männlich	weiblich
-o / -a	**un caballo pequeño** un petit cheval	**una mesa pequeña** une petite table
-or / -ora	**un partido conservador** un parti conservateur	**una persona conservadora** une personne conservatrice
-és / -esa	**el libro francés** le livre français	**una canción francesa** une chanson française
-án / -ana	**el pueblo alemán** le peuple allemand	**una ciudad alemana** une ville allemande

Die Adjektive haben im Spanischen zwei Geschlechter: männlich (maskulin) oder weiblich (feminin).
Im Französischen ebenso.

➔ Für die Regeln zur Akzentsetzung siehe § 1.2.

Endung	männlich	weiblich
-e/-e	**un país pobre** un pays pauvre a poor country	**una región pobre** une région pauvre a poor region
-a/-a	un pantalón lila	una camisa lila
-ista/-ista	el partido socialista	la candidata socialista
Konsonant	un problema difícil	una situación difícil

Manche Adjektive haben im Spanischen dieselbe Endung für die männliche und weibliche Form.

Dasselbe gilt im Französischen. Adjektive auf *-e (utile, pittoresque, aimable…)* haben nur eine Form im Singular, während manche ganz unveränderlich sind *(cool, marron, super)*.

➔ Zum Geschlecht von Substantiven siehe § 3.1.

2. Die Pluralbildung

Endung	Singular	Plural
Vokal	una casa alta **un niño triste** un enfant triste	las casas altas **dos niños tristes** deux enfants tristes
Konsonant	un problema fácil	unos problemas fáciles
-í / -íes	la mujer israelí	las mujeres israelíes
-z / -ces	un alumno capaz	unos alumnos capaces

Wie die Substantive bilden die spanischen Adjektive, die auf unbetonten Vokal enden, den Plural mit -s.
Für französische Adjektive gilt dasselbe, allerdings hört man die Endung nicht.
Nach Konsonant oder *-í* wird -es angehängt.
Endet das Adjektiv auf *-z*, wird der Plural mit -ces gebildet.

§ 4.2 Farbadjektive Lista de los adjetivos de colores

Sus pantalones nuevos son negros.
Ses nouveaux pantalons sont noirs.
His new trousers are black.

Nuestra casa es blanca.
Notre maison est blanche.

	Singular		Plural	
	männlich	weiblich	männlich	weiblich
(gelb)	amarillo	amarilla	amarillos	amarillas
(rot)	rojo	roja	rojos	rojas
(weiß)	blanco blanc	blanca blanche	blancos blancs	blancas blanches
(schwarz)	negro noir	negra noire	negros noirs	negras noires

Viele Farbadjektive begleiten – wie alle anderen Adjektive auch – das Substantiv und sind in Geschlecht und Zahl an das Substantiv angepasst.

	Singular	Plural
	azul	azules
	gris	grises
	marrón	marrones
	verde	verdes

Weitere Farbadjektive haben – wie andere Adjektive auch – dieselbe Endung für die männliche und weibliche Form.

	naranja	naranja(s)
	rosa	rosa(s)
	lila	lila(s)
	violeta	violeta(s)

Farbadjektive, die sich von einer Pflanze ableiten lassen, bilden den Plural fakultativ mit einem -s.

§ 4.3 Adjektive zur Angabe der Nationalität Los adjetivos de nacionalidades

un símbolo mexicano

la bandera mexicana

	männlich		weiblich	
Singular	**soy** je suis	**italiano** **español** Italien Espagnol	**soy** je suis	**italiana** **española** Italienne Espagnole
Plural	**somos** nous sommes	**italianos** **españoles** Italiens Espagnols	**somos** nous sommes	**italianas** **españolas** Italiennes Espagnoles

Spanische Nationalitätsadjektive tragen in der Regel ein *-a* in der weiblichen Form.
Ausnahmen sind z. B. *árabe, belga* und *marroquí*, die nur eine Form im Singular haben.
Im Französischen endet die weibliche Form z. B. auf *-e* / *-es* oder auf *-enne* / *-ennes*.

	männlich		weiblich	
Singular	soy	alemán inglés	soy	alemana inglesa
Plural	somos	alemanes ingleses	somos	alemanas inglesas

Manche spanische Adjektive haben einen Akzent bei der männlichen Form Singular.

➔ Für die Regeln zur Akzentsetzung siehe § 1.2.

§ 4.4 Adjektive in prädikativem Gebrauch El uso predicativo de los adjetivos

(una paella rica)

Esta paella está rica.

Las paellas de este restaurante suelen ser muy ricas.

El museo es caro.
Le musée est cher.

La casa es alta.
La maison est grande.

Los pisos son luminosos.
Les appartements sont lumineux.

Las tiendas están cerradas.
Les magasins sont fermés.

Auch wenn die Adjektive nicht direkt beim Substantiv stehen, werden sie in Geschlecht und Zahl wie im Französischen daran angeglichen.

§ 4.5 Die Stellung der Adjektive La colocación de los adjetivos

1. Die übliche Stellung der Adjektive

Es un monumento árabe.
C'est un monument arabe.

Adjektive werden im Spanischen und Französischen in der Regel nachgestellt.

¡Qué enorme monumento!
Quel énorme monument !

Emphatisch (mit Nachdruck) verwendete Adjektive werden im Spanischen vorangestellt.
Das ist auch im Französischen weitgehend der Fall; Gefühle können aber auch nur durch die Betonung ausgedrückt werden.

mi mejor examen
mon meilleur examen

el peor profesor
le plus mauvais professeur

medio kilo de carne
un demi-kilo de viande

el próximo autobús
le prochain bus

la última semana de las vacaciones
la dernière semaine des vacances

Bestimmte Adjektive (*último*, *penúltimo*, *mejor*, *peor*, *medio*, *próximo*) werden im Spanischen immer vorangestellt (zu Mengenangaben siehe auch § 24.4). Im Französischen gilt dasselbe (*bon*, *mauvais*, *grand*…).

➔ Für die Stellung der indefiniten Begleiter siehe Kapitel 7.

2. Adjektive mit unterschiedlicher Bedeutung je nach Stellung

Es un amigo viejo.
Er ist ein alter / betagter Freund.
→ eigentliche, wörtliche Bedeutung des Adjektivs

Es un viejo amigo.
Er ist ein alter Freund. (… den ich schon lange kenne.)
→ übertragener Sinn

Bei manchen Adjektiven ändert sich – wie im Französischen – die Bedeutung, je nachdem ob die Adjektive vor oder nach dem Substantiv stehen.
Im Allgemeinen hat das vorangestellte Adjektiv eine übertragene Bedeutung.

Adjektiv	vorangestellt (übertragener Sinn)		nachgestellt (ursprüngliche Bedeutung)	
bueno	**un buen profesor**	gut	**un profesor bueno**	gutmütig
grande	**un gran hombre**	bedeutend, großartig	**un hombre grande**	groß
malo	**un mal padre**	schlecht	**un padre malo**	böse
nuevo	**mi nuevo piso** mon nouvel appartement	neu bezogen	**un piso nuevo** un appartement nouveau / neuf	neu gebaut
pobre	**un pobre niño** un pauvre enfant	bedauenswert	**un niño pobre** un enfant pauvre	arm
simple	**una simple novela**	einfach ein Roman	**una novela simple**	ein einfacher Roman

§ 4.6 Die Verkürzung einiger Adjektive Los adjetivos apocopados

un libro grande – un gran libro
un santo de la Iglesia – un hombre santo

	männlich Singular vor dem Substantiv	**weiblich Singular vor dem Substantiv**
bueno	un buen amigo	una buena amiga
malo	un mal amigo	una mala amiga

Bei den Adjektiven *bueno* und *malo* wird die männliche Form Singular gekürzt, wenn sie vor dem Substantiv steht.

	Singular vor dem Substantiv	**Plural vor dem Substantiv**
grande	un gran éxito una gran idea	grandes éxitos grandes ideas

Das Adjektiv *grande* wird im Singular immer gekürzt, wenn es vor dem Substantiv steht.

→ Zur Verkürzung der indefiniten Begleiter (*algún*, *ningún*) siehe § 7.3 und der Ordnungszahlen (*primer*, *tercer*) siehe § 24.2.

Para evitar errores...

1. **Achten Sie immer auf die Übereinstimmung von Substantiv und Adjektiv (vor allem beim prädikativen Gebrauch):**

   Las flores que compramos ayer ya están marchitas.
   Les fleurs que nous avons achetées hier sont déjà fanées.
   Die Blumen, die wir gestern gekauft haben, sind schon verwelkt.

2. **Vorsicht bei der Voranstellung von Adjektiven:**

   una curiosa mirada
   un curieux regard
   ein seltsamer Blick

   una mirada curiosa
   un regard curieux
   ein neugieriger Blick

   por diferentes razones
   pour différentes raisons
   aus verschiedenen Gründen

   por razones diferentes
   pour des raisons différentes
   aus unterschiedlichen Gründen

   una triste novela
   un triste roman
   ein kümmerlicher Roman

   una novela triste
   un roman triste
   ein trauriger Roman

3. **Achten Sie darauf, ob ein Adjektiv bei der Voranstellung gekürzt wird oder nicht:**

   - Folgende Adjektive werden vor maskulinen Substantiven gekürzt:
     un buen mes, un mal día, algún día, ningún problema, el primer intento, el tercer día
   - Aber nicht vor femininen Substantiven:
     una buena profesora, una mala persona, alguna idea, ninguna razón, la primera comunión, la tercera semana
   - **Grande** wird vor Substantiven immer gekürzt:
     el gran cantante francés – der berühmte französische Sänger
     la gran política alemana – die bedeutende deutsche Politikerin
     Weitere Beispiele: una gran nevera, una gran cosa, un gran talento, un gran director, tuvo gran respeto
   - Ein besonderer Fall: *cualquiera* (siehe § 7.7):
     cualquier chico de la clase – irgendein Schüler der Klasse
     cualquier chica del grupo – irgendein Mädchen der Gruppe

4. **Bedeutungsverschiebung beim Gebrauch von ser oder estar in Verbindung mit Adjektiven:**

   ser bueno, -a = einen guten Charakter haben
   estar bueno, -a = gesund sein
   ➔ § 23.1.2.

Personal- und Reflexivpronomen
Pronombres personales y reflexivos

Vargas Llosa es un escritor. Él es un escritor.
Busco un libro de Vargas Llosa. Lo busco.
Veo que Vargas Llosa es entrevistado. Lo veo.

Pronomen stehen anstelle eines Nomens. Personalpronomen ersetzen also Personen, aber auch andere Nomen oder einen ganzen Sachverhalt.

§ 5.1 Das Subjektpronomen   El pronombre de sujeto

Isabel y Fernando son los Reyes Católicos. Ellos son los Reyes Católicos.

—Nosotras somos alumnas del instituto, ¿y vosotros?
—Nosotros somos estudiantes de la universidad.

	männlich	weiblich	Höflichkeitsform
Singular	yo tú él	yo tú ella	 usted
Plural	nosotros vosotros ellos	nosotras vosotras ellas	 ustedes

Tú und *él* werden zur Unterscheidung vom Possessivpronomen *tu* und dem Artikel *el* mit Akzent geschrieben.

Nosotros estamos listos para salir.
Nous sommes prêts à partir.
We are ready to start.

Nosotras estamos listas también.
Nous sommes prêtes aussi.
We are also ready.

Die weiblichen Formen *nosotras*, *vosotras* und *ellas* werden nur bei rein weiblichen Gruppen verwendet. Sonst werden *nosotros*, *vosotros* und *ellos* gebraucht.

Im Unterschied zum Deutschen, Französischen und Englischen werden die Subjektpronomen *(yo, tú, él…)* im Spanischen in der Regel nicht genannt, da man die Person meist an der konjugierten Verbform erkennen kann. Die Subjektpronomen werden verwendet:

Soy María. ¿Y tú?

- in einem Satz ohne Verb,

Él es Alberto y ella es Miranda.

- um eine Person hervorzuheben oder um Personen zu unterscheiden,

¿Quién es usted?

- häufig bei den Höflichkeitsformen *usted / ustedes*,

Yo mismo lo arreglaré.
Moi, je réglerai ça moi-même.
Ich werde das selbst erledigen.
I will do it myself.

- bei Hervorhebungen in Verbindung mit *mismo*.

Unterschiedlicher Gebrauch der Personalpronomen

	du (2. Pers. Sg.)	ihr (2. Pers. Pl.)
Spanien	¿Tú te acuerdas de tu promesa?	¿Vosotros os acordáis de vuestra promesa?
Latein-amerika	(¿Vos te acordás de tu promesa?)	¿Ustedes se acuerdan de su promesa?

In Lateinamerika und auf den kanarischen Inseln verwendet man *ustedes* statt *vosotros, -as* in der 2. Person Plural. In einigen Regionen Lateinamerikas (z. B. Argentiniens, Uruguays, Kolumbiens, Mittelamerikas) sagt man *vos* statt *tú*.

§ 5.2 Das Personalpronomen nach Präpositionen
El pronombre personal tras preposiciones

Este libro sobre Montevideo es para María. Es para ella.
Ce livre sur Montevidéo est pour María. C'est pour elle.

—¿Tú te vas de vacaciones con Luis? —Sí, (yo) voy con él.
– Tu pars en vacances avec Luis ? – Oui, je pars avec lui.

		Präposition + Pronomen
Singular	1. Person	**Lo hace por mí.** Il le fait pour moi.
	2. Person	**Juega contra ti.** Il joue contre toi.
	3. Person	**Voy con él / ella / usted.** Je pars avec lui / elle / vous.
Plural	1. Person	**Es para nosotros / nosotras.** C'est pour nous.
	2. Person	**Os hablo a vosotros / vosotras.** Je vous parle à vous.
	3. Person	**¿Es de ellos / ellas / ustedes?** C'est à eux / à elles ?

Die Personalpronomen nach Präpositionen entsprechen den Subjektpronomen *(él, élla, nosotros…)*, mit Ausnahme der 1. und 2. Person Singular: *mí* und *ti*.

—¿Vienes conmigo? —Sí, voy contigo.

No llevaba nada consigo.

Habla consigo mientras anda con ella.

- *con* + Subjektpronomen *yo / tú*
  → *conmigo / contigo*
- *con + él mismo / ella misma*
  → *consigo* (in der Bedeutung von *mit sich selbst*)

Anders als das Pronomen *ti* wird *mí* mit Akzent geschrieben, um es vom Possessivbegleiter *mi* zu unterscheiden:
para mí – mi casa.

➔ Für die Possessivbegleiter *(mi casa, tu casa…)* siehe § 8.1.

§ 5.3 Übersicht über die Objekt- und Reflexivpronomen
Resumen de los pronombres de objeto y pronombres reflexivos

	Subjekt-pronomen	direktes Objekt-pronomen	indirektes Objekt-pronomen	Reflexiv-pronomen
Singular	yo	me		
	tú	te		
	él / usted	lo	le	se
	ella / usted	la		
	(Sachverhalt)	lo	– – –	– – –
Plural	nosotros, -as	nos		
	vosotros, -as	os		
	ellos / ustedes	los	les	se
	ellas / ustedes	las		

Direkte und indirekte Objektpronomen und Reflexivpronomen weisen vielfach die gleiche Form auf.
Sie unterscheiden sich wie im Französischen nur in der 3. Person *(le, la, les, lui, leur)*.

§ 5.4 Das direkte Objektpronomen El pronombre de objeto directo

Mi amigo me saluda.
Mon ami me dit bonjour.

A Luis lo llevo yo a la escuela.
Luis, c'est moi qui le ramène au collège.

La he ido a ver a su casa.
Je suis allé(e) la voir chez elle.

Buscamos un libro sobre España. Lo encontraremos.
Nous cherchons un livre sur l'Espagne. Nous le trouverons.

A mis padres los quiero mucho.
Mes parents, je les aime beaucoup. / J'aime beaucoup mes parents.

	männlich	weiblich	Sachverhalt	
Singular	Me			veo.
	Te			
	Lo	La	Lo	
Plural	Nos			
	Os			
	Los	Las		

Das direkte Objektpronomen ersetzt ein Akkusativobjekt (Wen? oder Was?).
Es wird nur in der 3. Person zwischen männlichen und weiblichen Formen unterschieden.

	männlich	weiblich
Singular	Lo conozco (a usted).	La conozco (a usted).
Plural	Los conozco (a ustedes).	Las conozco (a ustedes).

Auch bei der Höflichkeitsform *(usted)* unterscheidet man zwischen der männlichen und weiblichen Form der Pronomen.

Veo a Mario. → Lo veo.
Veo que está cansado. → Lo veo.

Lo steht für eine männliche Person oder – als Neutrum verwendet – für eine Sache, einen Sachverhalt oder einen ganzen Satz.
Im Französischen gibt es dieses Neutrum nicht.

La ayudo con los deberes.
Je l'aide à faire ses devoirs.
Ich helfe ihr mit den Hausaufgaben.

La sigue a Barcelona.
Il la suit à Barcelone.
Er folgt ihr nach Barcelona.

Manche Verben, die im Deutschen mit Dativ stehen, erfordern im Spanischen und Französischen das direkte Objekt, z. B. *ayudar (aider)* oder *seguir (suivre).*

In manchen Regionen Spaniens wird le / les anstatt des direkten Objektpronomens lo / los verwendet, wenn es sich um männliche Personen handelt.

§ 5.5 Das indirekte Objektpronomen El pronombre de objeto indirecto

A mí me encanta la canción.
A ti te gusta el vino.
A él le fascinan los coches.
A ella le molesta el ruido.
A nosotros nos anima la música latina.
A vosotros os interesan las noticias.
A ellos les interesa la política.
A ellas les parece bien tu propuesta.

Me encanta la canción.
Te gusta el vino.
Le fascinan los coches.
Le molesta el ruido.
Nos anima la música latina.
Os interesan las noticias.
Les interesa la política.
Les parece bien tu propuesta.

	männlich und weiblich	**(usted)**	
Singular	Me		encanta.
	Te		
	Le	Le	
Plural	Nos		
	Os		
	Les	Les	

Das indirekte Objektpronomen ersetzt ein Dativobjekt (Wem?).
Es wird nicht zwischen männlichen und weiblichen indirekten Pronomen unterschieden.

Le pregunto (a ella) otra vez.
Je lui demande (à elle) encore une fois.
Ich frage sie nochmals.

Manche Verben, die im Deutschen mit Akkusativ stehen, erfordern im Spanischen und Französischen das *objeto indirecto*, z. B. *preguntar (demander).*

Voy a casa de Eva. Si la veo, le doy tu regalo.
Je vais chez Eva. Si je la vois, je lui donne ton cadeau.

Indirekte Objektpronomen unterscheiden sich von den direkten Objektpronomen nur in der 3. Person:
le / les ⟷ lo / los, la / las.
Das gilt auch im Französischen:
lui/leur ⟷ le / la / les.

§ 5.6 Die Verdoppelung der Objektpronomen La repetición de los pronombres de objeto

Ahora (le) pregunto a mi hermano.
Alors je vais demander à mon frère.
Jetzt frage ich (aber) meinen Bruder.

No se lo cuentes a nadie.
Ça / Cela (ne) se raconte à personne.

Wenn das indirekte Objekt nach dem Verb steht, wird es häufig durch das entsprechende Personalpronomen (vor dem Verb) hervorgehoben, d. h. verdeutlicht oder verstärkt.

A Mario no lo veo. Por eso, no le puedo dar la carta.
Mario, je ne le vois pas. C'est pourquoi je ne peux pas lui donner la lettre.

A él le interesa ahora más la política internacional.
Il aimerait plutôt la politique internationale.

Steht das indirekte oder direkte Objekt vor dem Verb, muss das entsprechende Pronomen wiederholt werden, und zwar unmittelbar vor dem konjugierten Verb.

[!] Die Verdoppelung des Pronomens ist im Spanischen sehr geläufig. Im Französischen erfolgt stattdessen oft eine Umschreibung mit *c'est*: *C'est à moi qu'on l'a dit*. Im Deutschen geschieht die Hervorhebung durch Betonung / Voranstellung: *Mir hat man das gesagt.* Im Englischen: *It's me who was told / I was told…*

§ 5.7 Das Reflexivpronomen El pronombre reflexivo

	lavarse	se laver
yo	**me lavo**	je me lave
tú	**te lavas**	tu te laves
él, ella / usted	**se lava**	il / elle / on se lave
nosotros, -as	**nos lavamos**	nous nous lavons
vosotros, -as	**os laváis**	vous vous lavez
ellos, -as / ustedes	**se lavan**	ils / elles se lavent

Die Formen des Reflexivpronomens sind im Spanischen – wie auch im Französischen – in der 3. Person Singular und Plural gleich.
Statt *nous* wird im Französischen oft *on* (= man /wir) verwendet: *On se lave.*

Una boda romántica

Zahlreiche Verben werden im Spanischen mit Reflexivpronomen verwendet und im Deutschen nicht. Diese Unregelmäßigkeit gibt es auch im Französischen.

callarse: En este momento se calla.
se taire : En ce moment, il / elle se tait.
to remain silent: At this moment he / she remained silent.

casarse: En junio se casan.
se marier : Ils se marient en juin.
to marry: They married in June.

sich verändern: Im Sommer ändert sich das Klima.
cambiar: En verano el clima cambia.
changer : Le climat change en été.
se changer : sich umziehen

sich sonnen: Ich sonne mich am Strand.
tomar el sol: Tomo el sol en la playa.
prendre un bain de soleil : Je prends un bain de soleil à la plage.

Es gibt nur wenige Verben, die im Deutschen reflexiv sind und im Spanischen nicht.

[!] Das Pronomen *se* drückt oft, wie im Französischen, Passiv aus:
Se venden coches. / Les voitures se vendent.

§ 5.8 Die Stellung der Objekt- und Reflexivpronomen
La colocación de los pronombres de objeto y de los pronombres reflexivos

1. Ein Pronomen beim konjugierten Verb

No me gusta que me grites.
Cela ne me plaît pas que tu me cries après.

Me molesta que no me llames.
Cela me dérange que tu ne m'appelles pas.

Direkte und indirekte Objektpronomen sowie Reflexivpronomen stehen im Spanischen in der Regel direkt vor dem konjugierten Verb bzw. nach der Verneinungsform *no*. Das entspricht dem Französischen.

2. Zwei Pronomen beim konjugierten Verb

Mírate las manos. ¿Te las lavas?
Regarde tes mains. Tu te les laves ?

¿Me lo das?
Tu me le donnes ?

Stehen zwei Pronomen beim Verb, folgen sie der Reihenfolge
- Reflexivpronomen + direktes Objektpronomen oder
- indirektes + direktes Objektpronomen. Im Deutschen ist es genau umgekehrt: *Te lo digo.* → *Ich sage es dir.*

Se lo han dado.
Ils / Elles le lui / leur ont donné. Ils / Elles vous l'ont donné.
Sie haben es ihr / ihm / ihnen / Ihnen gegeben.

María se lo ha dicho.
María le lui / le leur a dit. María vous l'a dit.
María hat es ihm / ihr / ihnen / Ihnen gesagt.

¡No se lo digas!
Ne le lui / leur dis pas.
Sag es ihm / ihr / ihnen nicht!

Stehen *le* und *les* vor *lo*, *la*, *los* und *las*, dann wird das indirekte Objektpronomen durch *se* ersetzt:

le / les +	lo la los las	→	se +	lo la los las

[!] Im Französischen ist die Reihenfolge der Pronomen genau umgekehrt wie im Spanischen:
le lui / le leur ⟷ se lo.

✲ Sehen Sie sich erst die Verbform an *(han dado / sie haben gegeben)*. Fragen Sie danach, was *se* bedeuten könnte und klären Sie dann, ob die Antwort *ihm / ihr / ihnen* oder *Ihnen* ist.

3. Pronomen nach Imperativ, Infinitiv oder Gerundium

¡Dígamelo!	Dis-le moi.
¡Cuéntaselo!	Raconte-le-lui / -le-leur.
¡Páganoslo!	Paie-le-nous.

Objekt- und Reflexivpronomen werden immer an den bejahten Imperativ angehängt.

Te quiero visitar. / Quiero visitarte. Je voudrais venir te voir. **Hay que hacerlo.** Il faut le faire.	Bei Verbkonstruktionen mit Hilfsverb + Infinitiv können die Pronomen vor oder nach der Verbkonstruktion stehen (im Französischen nur vor dem Infinitiv). Nach *hay que* müssen die Pronomen an den Infinitiv gehängt werden.
Te estoy buscando. / Estoy buscándote. Je suis en train de te chercher. I am looking for you.	Bei Verbkonstruktionen mit Hilfsverb + Gerundium können die Pronomen ebenfalls vor oder nach der Verbkonstruktion stehen.

[!] Achten Sie auf die Akzentregeln, wenn das Pronomen angehängt wird:
Abre la puerta. → Ábrela.
Ouvre la porte. → Ouvre-la !

Para evitar errores...

1. Subjektpronomen nach Präpositionen:

- Nach Präpositionen steht *mí* mit Akzent:

De mí no sabe nada.	De moi, il / elle ne sait rien.	He / she didn't find out anything from me.

- Nach *entre* stehen die Subjektpronomen:

Entre tú y yo está todo claro.	Entre toi et moi, tout est clair.	Between you and me everything is fine.

2. Spanische Verben mit direktem Objekt (Akkusativ) ⟷ deutsche Verben mit indir. Objekt (Dativ):

A mi madre la tengo que ayudar hoy.	Ma mère, je dois l'aider.	Heute muss ich meiner Mutter helfen.
Lo felicito, usted es el mejor.	Je vous félicite. Vous êtes le meilleur.	Ich gratuliere Ihnen, Sie sind der Beste.
Sígala, ella sabe dónde está la habitación.	Suis-la, elle sait où se trouve la pièce.	Folge ihr, sie weiß, wo das Zimmer ist.

3. Spanische Verben mit indir. Objekt (Dativ) ⟷ deutsche Verben mit direktem Objekt (Akkusativ):

Le pregunté muchas cosas al médico.	Ich habe den Arzt viele Sachen gefragt.
A ella le interesa mucho la conferencia.	Die Konferenz interessiert sie sehr.
¿No les fascina a ustedes La Alhambra?	Fasziniert Sie die Alhambra nicht?

4. Das Pronomen *se*:

- *Se* kann sowohl Reflexivpronomen als auch Dativpronomen sein:
  Se dio cuenta de eso. *se* = reflexiv **Se la escribió varias veces.** *se* = Dativpronomen
- Achten Sie auf die unterschiedliche Stellung der Pronomen im Spanischen und Französischen:
  Se lo doy mañana. (*~~Le~~ lo doy mañana.) Je le lui donne.

5. Weitere Verben, die im Spanischen reflexiv sind, im Deutschen aber nicht:

irse: Yo me voy.	Moi, je m'en vais.	Ich gehe jetzt.
quedarse: ¿No te quedas?	Tu ne restes pas ?	Bleibst du nicht noch etwas?
caerse: Se ha caído.	Il / elle est tombé(e).	Er / sie ist hingefallen.
comerse: Nos comimos todo.	On a tout mangé.	Wir haben alles aufgegessen.
dormirse: ¡No os durmáis!	Ne vous endormez pas !	Schlaft nicht ein!
morirse: Se morían de hambre.	Ils / elles mouraient de faim.	Sie sind fast verhungert.

6. Die Stellung der Pronomen nach dem Imperativ ...
... ist im Spanischen, Deutschen und Französischen unterschiedlich:

¡Dígamelo!	Dis-le-moi.	Sag es mir!	Tell me!
¡Cuéntaselo!	Raconte-le-lui.	Erzähle es ihm!	Tell him! / Tell it to him.
¡Páganoslo!	Paie-le-nous.	Zahl es uns!	Pay us!

Demonstrativbegleiter und -pronomen
Determinantes y pronombres demostrativos

Estas gafas son mías… Ces lunettes-ci… These glasses… ▲ nahe	**y aquellas son de María.** celles-là sont… those glasses… ▲ entfernt
Ese año fuimos de vacaciones a Chile, Cette année-là… In jenem Jahr … That year… ▲ Vergangenheit	**pero este vamos a Buenos Aires.** mais cette année-ci… aber in diesem Jahr … but this year… ▲ Gegenwart

Demonstrativbegleiter und -pronomen richten sich nach dem Substantiv, auf das sie sich beziehen.
Sie helfen, das räumliche oder zeitliche Verhältnis zum Sprecher zu definieren.
Demonstrativpronomen unterscheiden sich nur darin von den Demonstrativbegleitern, dass sie ohne Substantiv stehen.

§ 6.1 Die Demonstrativbegleiter Los determinantes demostrativos

	männlich	weiblich	
Singular **Plural**	este pantalón estos pantalones	esta camisa estas camisas	• in der Nähe des Sprechers
Singular **Plural**	ese armario esos armarios	esa mesa esas mesas	• in der Nähe des Hörers
Singular **Plural**	aquel río aquellos ríos	aquella casa aquellas casas	• entfernt von beiden

[!] Im Französischen wird Nähe und Entfernung nur mit dem Zusatz *-ci / -là* ausgedrückt: *ce pantalon-ci / ce pantalon-là, cette chemise-ci / cette chemise-là.*

§ 6.2 Die Demonstrativpronomen Los pronombres demostrativos

	männlich	weiblich	neutral
Singular **Plural**	este estos	esta estas	esto
Singular **Plural**	ese esos	esa esas	eso
Singular **Plural**	aquel aquellos	aquella aquellas	aquello

Demonstrativpronomen haben dieselben Formen wie die Demonstrativbegleiter. Zusätzlich gibt es neutrale Formen.

¿Qué es esto?
Qu'est-ce que c'est ?
Was ist das?

Juan no viene y eso es muy triste.
Juan ne vient pas et c'est bien triste.
Juan kommt nicht und das ist sehr traurig.

Die neutralen Demonstrativpronomen *esto*, *eso* und *aquello* beziehen sich auf Sachen, die vorher nicht genannt wurden, oder auf einen Sachverhalt oder Satz.

Por eso no voy a la fiesta.
C'est pourquoi je ne vais pas à la fête.
Deswegen gehe ich nicht zur Party / Fete.
That's why I don't go to the party.

Eso sí que no.
Pas question !
Auf keinen Fall!
No way!

Eso wird auch in feststehenden Ausdrücken verwendet.

[!] Früher wurden einige Demonstrativpronomen mit Akzent geschrieben, was noch in älteren Büchern zu sehen ist. Heute werden sie immer ohne Akzent geschrieben.

Para evitar errores...

1. ***Eso* kann mit *dies* oder *das* wiedergegeben werden:**

Eso es imposible.
C'est impossible.
Das ist unmöglich.
That's impossible.

Yo ya sé eso.
Je connais cela depuis longtemps.
Dies ist mir schon bekannt.
I already know this.

2. ***Esto* kann gegenüber *eso* eine Abgrenzung ausdrücken:**

Esto sí, eso no.
Ça oui, ça non.

3. **Nachstellung der Demonstrativpronomen:**

Zur Hervorhebung kann man spanische Demonstrativpronomen auch nachstellen. Auf diese Weise können sie eine abwertende Bedeutung erhalten oder eine abwertende Aussage bekräftigen. Dies kommt in der gesprochenen Sprache häufiger vor als in der geschriebenen. Das Deutsche übernimmt diese Funktion durch Abtönung (der da; die da) oder durch Betonung (Längung). Das Französische drückt dies durch das nachgestellte *-là* oder zuweilen durch ein wertendes Adjektiv aus.

El muchacho ese es un malo.
Ce gars-là, c'est un méchant.
Der Typ da ist ein übler Bursche.

Las chicas esas están molestando todo el tiempo.
Diese Mädchen stören die ganze Zeit.

4. **Weitere Ausdrücke mit Demonstrativpronomen:**

Llegaremos a eso de las nueve.
Nous arriverons vers neuf heures.
Wir kommen ungefähr gegen neun Uhr an.
We shall arrive at about nine o'clock.

Tenéis tiempo de entregar el trabajo hasta la semana que viene, esto es el jueves por la tarde.
Vous avez jusqu'à la semaine prochaine pour rendre vos devoirs, plus précisément jusqu'à jeudi après-midi.
Ihr habt bis nächste Woche Zeit, die Arbeit abzugeben, genauer gesagt, bis Donnerstagnachmittag.
You've got time till next week to give in your homework, that is, till thursday afternoon.

Indefinitbegleiter und -pronomen
Determinantes y pronombres indefinidos

—¿Llamó alguien?
—Sí, llamó Maribel varias veces.
Quería saber algunas cosas sobre el viaje.

Indefinitpronomen (unbestimmte Pronomen) und -begleiter beziehen sich auf ein nicht näher bestimmtes Substantiv *(irgendeine, irgendeiner …)*.

§ 7.1 Übersicht über Indefinitbegleiter und -pronomen
Lista de determinantes y pronombres indefinidos

Pronomen	**algo**	quelque chose	etwas	something / anything
	nada	rien (ne)	nichts	nothing
	alguien	quelqu'un	jemand	somebody / -one, anybody / -one
	nadie	personne (ne)	niemand	nobody
	cualquiera	n'importe qui / quoi	irgendjemand, -etwas	somebody / -one, anybody / -one
	cada uno / cada una	chacun / chacune	jede (-r, -s)	everybody / -one
	uno / una	un / une	eine (-r, -s)	one
Begleiter	**cada**	chaque	jede (-r -s)	each / every
	cualquier	n'importe quel(le)	jeder (-r, -s) (beliebige)	any
	cierto, -a, -os, -as	certain, -e, -s, -es	bestimmte (-r, -s), gewisse (-r, -s)	certain
	mismo, -a, -os, -as	le / la même, les mêmes	gleiche (-r, -s)	same
	tal, -es	tel(le), tels, telles	ein solcher, eine solche, solche	such (a)
Pronomen/Begleiter	**alguno, -a, -os, -as**	quelqu'un	irgendeine (-r, -s), irgendwelche	any
	unos, -as	quelques-uns / -unes	einige	some
	ninguno, -a, -os, -as	aucun / aucune (ne)	keine (-r, -s)	none
	mucho, -a, -os, -as	beaucoup (de)	viel (-e)	many
	poco, -a, -os, -as	peu (de)	wenig (-e)	few, not many
	tanto, -a, -os, -as	tant (de)	so viel	a lot of, many
	todo, -a, -os, -as	tout / toute / tous / toutes, tout le monde	der / die / das Ganze, alle	all
	otro, -a, -os, -as	un / une autre, les autres, d'autres	ein anderer (-s), eine andere, andere	another, other(s)
	bastante (-s)	assez (de)	ziemlich viel (-e),	enough
	suficiente (-s)	assez (de)	genug	sufficient
	demasiado, -a, -os, -as	trop (de)	zu viel (-e)	too much / too many

Manche unbestimmte Wörter können nur als Pronomen, manche nur als Begleiter und andere sowohl als auch verwendet werden.

[!] Beachten Sie die Gegensatzpaare:

Desde aquí se ve todo (el valle).	**Desde allá no se ve nada.**	alles / das ganze Tal – nichts
—¿Puedes ver algo?	**—No, nada.**	etwas – nichts
—Todos los turistas vienen a este sitio.	**—Por allá no hay nadie.**	alle – niemand
—¿Conoces a alguien de esos?	**—No, conozco a nadie.**	jemand – niemand
Cada uno lleva su cámara.	**Ninguno la dejó en el autobús.**	jeder – keiner
Unos están sacando fotos.	**Otros están mirando el paisaje.**	die einen – die anderen
A veces hay demasiada gente allí.	**Pero no hay suficientes baños.**	zu viel – zu wenig

§ 7.2 Algo, nada, alguien, nadie

—¿Quieres algo? —No, no quiero nada.
- Tu veux quelque chose ? - Non, je ne veux rien.
"Do you want anything?" "No, I want nothing."

Algo und *nada* sind unveränderlich.

—¿Llamó alguien? —No, no llamó nadie.
- Quelqu'un a appelé ? - Non, personne n'a appelé.
"Has anybody called?" "No, nobody called."

—¿Ves a alguien? —No, no veo a nadie.
- Est-ce que tu vois quelqu'un ? - Non, je ne vois personne.

Alguien und *nadie* sind ebenfalls unveränderlich, werden aber nur für Personen verwendet. Sind *alguien* oder *nadie* direktes Objekt des Satzes, steht die Präposition *a* davor.

§ 7.3 Alguno, -a, -os, -as / ninguno, -a, -os, -as

—¿Necesitas tenedores? —Sí, necesito algunos.

Die Pronomen *alguno, -a (irgendeine, -r, -s) und algunos, -as (einige)* richten sich in Geschlecht und Zahl - wie alle Pronomen - nach dem Substantiv, das sie ersetzen.

—¿Quieres naranjas? —No, no quiero ninguna.
- Tu veux des oranges ? - Non, je n'en veux pas.
„Willst du Orangen?" „Nein, ich will keine."

Ninguno de ellos tenía dinero.
Aucun d'entre eux n'avait de l'argent.
Keiner von ihnen hatte Geld.
None of them had any money.

Ninguna de las chicas había llegado.
Aucune des filles n'était venue.
Kein einziges der Mädchen war gekommen.
Not one of the girls had come.

Die Verneinungspronomen *ninguno, -a* werden im Deutschen häufig im Plural wiedergegeben.

No tengo ningunas ganas de hacer esto.
Je n'ai aucune envie de le faire.
Ich habe überhaupt keine Lust, das zu tun.

Dagegen werden die Pluralformen *ningunos, -as* im Spanischen nur selten verwendet:
- zum Verstärken bzw. Betonen einer Aussage,

No he encontrado ningunas gafas como esas.
Je n'ai pas trouvé de lunettes semblables (à celles-ci).

- in Verbindung mit Pluralwörtern.

Algún día iré de vacaciones a México.
Un jour, j'irai en vacances au Mexique.
Eines Tages werde ich in Mexiko Urlaub machen.
One day I will go on vacation to Mexico.

En clase Jorge no tenía ningún amigo.
Jorge n'avait aucun ami dans la classe.
Jorge hatte keinen einzigen Freund in der Klasse.

Alguno, -a, -os, -as als Begleiter stimmen ebenfalls mit den Nomen überein, auf die sie sich beziehen. Vor männlichen Substantiven im Singular wird *alguno* zu *algún* und *ninguno* zu *ningún* verkürzt.

→ Für die doppelte Verneinung siehe § 13.2.

§ 7.4 Uno, -a, -os, -as

Die Pronomen *uno, -a* werden im Deutschen in der Regel mit dem neutralen *man* wiedergegeben. Sind damit ausschließlich weibliche Personen gemeint, muss es *una* (in der Einzahl) heißen.

Necesito unos consejos.
J'ai besoin de quelques conseils.
Ich brauche ein paar Ratschläge.
I need some advice.

Gracias por las fresas. Unas estában ricas y otras no.
Merci pour les fraises. Quelques-unes étaient délicieuses, d'autres pas.
Danke für die Erdbeeren. Einige waren lecker, andere nicht.

Im Plural kann man *unos, -as* in der Bedeutung von *einige, ein paar* als Begleiter oder Pronomen verwenden.

§ 7.5 Otro, -a, -os, -as

Cliente: «Otra tapa, por favor».
Camarero: «¿Una tapa diferente o una tapa más?».

Otro, -a und *otros, -as* haben zwei Bedeutungen:
- *noch ein(e) / noch weitere* und
- *ein(e) andere(r/s)* oder *andere*.

Ahora vivo en __ otro piso.
Maintenant, j'habite (dans) un autre appartement.
Jetzt wohne ich in einer anderen Wohnung.
Now I live in a different apartment.

Im Spanischen wird der unbestimmte Begleiter *un, -a* vor *otro, -a* weggelassen.

§ 7.6 Todo, -a, -os, -as

El chico se comió todo.
Le garçon a tout mangé.
Der Junge hat alles (auf)gegessen.

Steht das Pronomen *todo* ohne Substantiv, bedeutet es *alles*.

—¿Cuántos han aprobado? —Casi todos.
– Combien ont passé l'examen ? – Presque tous.
„Wie viele haben bestanden?" „Fast alle."

Stehen die Pronomen *todos, -as* ohne Substantiv, bedeuten sie *alle*.

Voy todos los días al instituto.
Je vais tous les jours au collège / au lycée.
Ich gehe jeden Tag ins Gymnasium.
I go to school every day.

Toda la gente está muy contenta.
Tout le monde est très content.
Alle (Leute) sind sehr glücklich.
Everyone is very happy.

Nach den Begleitern *todo, -a* und *todos, -as* steht immer der Artikel: *todo el, toda la, todos los, todas las.*

§ 7.7 Cualquier, -a

El banco compra cualquier casa. La banque achète n'importe quelle maison. Die Banken kaufen jedes Haus.	Der unbestimmte Begleiter *cualquier* steht vor dem Substantiv und ist unveränderlich. Er wird im Singular verwendet.
¡Toma un libro cualquiera! Prende n'importe quel livre ! Nimm dir (irgend)ein Buch!	*Cualquiera* ist ebenfalls unveränderlich. Es steht • als Begleiter nach dem Substantiv,
¿Puedo tomar de veras cualquiera? Je peux vraiment prendre n'importe lequel ? Kann ich wirklich jeden nehmen?	• als Pronomen allein.

[!] *Cualquiera* nach dem Substantiv hat manchmal eine abwertende Bedeutung. Das gibt es auch im Französischen:
un poema cualquiera *– un poème quelconque – ein unbedeutendes Gedicht.*

§ 7.8 Cada

Tengo que ir cada mes al médico. Je dois aller tous les mois chez le médecin. Ich muss jeden Monat zum Arzt.	*Cada* ist unveränderlich und steht immer vor dem Substantiv im Singular.
Estudio cada noche dos horas. **= Estudio todas las noches dos horas.** J'apprends chaque soir pendant deux heures. = J'apprends tous les soirs pendant deux heures.	Anstatt *cada* kann man auch *todos los* oder *todas las* verwenden.

Para evitar errores …

1. Das Pronomen *todo*:

• *Todo* ist mehrdeutig und kann mit oder ohne Artikel stehen:

todo el día	toute la journée	den ganzen Tag (lang)
todo hombre	tout homme	jeder Mensch
todos los hombres	tous les hommes	alle Menschen

• *Todo* wird in folgenden Verbindungen immer ohne Artikel verwendet:

toda España	toute l'Espagne	ganz Spanien
toda clase de …	toute sorte de …	alle Arten von …
Vino todo alborotado.	Il arriva tout excité.	Er kam ganz aufgeregt an.

2. Ausdrücke mit *otro*:

el otro día	l'autre jour	neulich
al otro día	le jour suivant	am nächsten Tag
en otra parte	autre part	anderswo
por otra parte	d'autre part	andererseits

3. Unterschiedlicher Gebrauch von *cualquier* (adjektivisch) und *cualquiera* (pronominal):

en cualquier caso	en tout cas	in jedem Fall
de cualquier modo	n'importe comment	irgendwie
un día cualquiera	n'importe quel jour	eines Tages

4. *Un poco de* und *nada de*:

Quisiera un poco de sal.	Je voudrais un peu de sel.	**No quiero nada de sal.**	Je ne veux pas de sel du tout.

Possessivpronomen und -begleiter
Pronomes y determinantes posesivos

mi perro
unbetonter Possessivbegleiter

un perro mío
betonter Possessivbegleiter

el mío
Possessivpronomen

Possessivpronomen und -begleiter bestimmen, wem etwas gehört bzw. drücken eine Beziehung aus. Bei den Possessivbegleitern wird zwischen betonten und unbetonten Formen unterschieden.

§ 8.1 Die Possessivbegleiter Los determinantes posesivos

1. Die Formen der betonten und unbetonten Possessivbegleiter

		unbetonter Possessivbegleiter	betonter Possessivbegleiter
„Besitz" im Singular	(yo)	mi { amigo / amiga	un amigo mío una amiga mía
	(tú)	tu { amigo / amiga	un amigo tuyo una amiga tuya
	(él, ella / usted)	su { amigo / amiga	un amigo suyo una amiga suya
	(nosotros, -as)	nuestro amigo nuestra amiga	un amigo nuestro una amiga nuestra
	(vosotros, -as)	vuestro amigo vuestra amiga	un amigo vuestro una amiga vuestra
	(ellos, -as / ustedes)	su { amigo / amiga	un amigo suyo una amiga suya
„Besitz" im Plural	(yo)	mis { amigos / amigas	unos amigos míos unas amigas mías
	(tú)	tus { amigos / amigas	unos amigos tuyos unas amigas tuyas
	(él, ella / usted)	sus { amigos / amigas	unos amigos suyos unas amigas suyas
	(nosotros, -as)	nuestros amigos nuestras amigas	unos amigos nuestros unas amigas nuestras
	(vosotros, -as)	vuestros amigos vuestras amigas	unos amigos vuestros unas amigas vuestras
	(ellos, -as / ustedes)	sus { amigos / amigas	unos amigos suyos unas amigas suyas

Possessivbegleiter werden im Spanischen wie Adjektive verwendet. Sie richten sich nach dem Substantiv (Besitz), das sie begleiten. Das ist auch im Französischen der Fall.

- Die unbetonten Possessivbegleiter mi(s), tu(s) und su(s) sind in den männlichen und weiblichen Formen gleich. Nuestro(s) und vuestro(s) dagegen richten sich auch im Geschlecht nach dem Besitz.
- Die betonten Possessivbegleiter richten sich immer in Geschlecht und Zahl nach dem dazugehörigen Substantiv.

2. Übersicht über die unbetonten Possessivbegleiter

mi(s)	mon / ma mes	mein(e)	my
tu(s)	ton / ta tes	dein(e)	your
su(s)	son / sa ses	sein(e), ihr(e)	his / her / its
nuestro(s), nuestra(s)	notre nos	unser(e, s)	our
vuestro(s), vuestra(s)	votre vos	euer, eure(s)	your
su(s)	ses	ihr(e)	their

Spanisch und Französisch folgen bei den Possessivpronomen und -begleitern denselben Kriterien, d. h. sie richten sich nach dem Besitzobjekt. Das Deutsche richtet sich nach Besitzer und Besitz, das Englische nur nach dem Besitzer.

[!] Beachten Sie die Mehrdeutigkeit von *su / sus / suyo, -a, -os, -as*. Es kann je nach Kontext folgende Besitzpersonen anzeigen: *de ella, de él, de ellos, de ellas, de usted, de ustedes*.

3. Der Gebrauch der betonten Possessivbegleiter

Es una novela mía.
Ce roman est à moi.
Es ist mein Roman. / Es ist ein Roman von mir.

Die betonten Possessivbegleiter werden verwendet, um auszudrücken, dass es sich um ein Element aus einer Gruppe handelt. Im Deutschen wird dies durch Betonung ausgedrückt: „Gib her, es ist mein Buch." Oft ist auch eine Übersetzung mit *von mir, von dir* usw. möglich.

Son tres fotos mías.
Ces trois photos sont à moi.

Es un amigo mío.
C'est un de mes amis.
Er ist mein Freund. / Er ist ein Freund von mir.
He's a friend of mine.

Die betonten Possessivbegleiter stehen auch oft nach Zahlen und unbestimmten Begleitern.

¡Dios mío!
Mon Dieu !

Amigo mío, ¿cómo estás?
Comment vas-tu mon ami ?

Die betonten Possessivbegleiter finden sich zudem in festen Ausdrücken bzw. Redewendungen.

§ 8.2 Die Possessivpronomen Los pronombres posesivos

1. Die Formen

	Possessivpronomen	
(yo)	**el mío / los míos** le mien / les miens	**la mía/ las mías** la mienne / les miennes
(tú)	**el tuyo / los tuyos** le tien / les tiens	**la tuya / las tuyas** la tienne / les tiennes
(él, ella / usted)	**el suyo / los suyos** le sien / les siens	**la suya / las suyas** la sienne / les siennes
(nosotros, -as)	**el nuestro / los nuestros** le nôtre / les nôtres	**la nuestra / las nuestras** la nôtre / les nôtres
(vosotros, -as)	**el vuestro / los vuestros** le vôtre / les vôtres	**la vuestra / las vuestras** la vôtre / les vôtres
(ellos, -as / ustedes)	**el suyo / los suyos** le sien / les siens	**la suya / las suyas** la sienne / les siennes

Die Formen des Possessivpronomens stimmen mit den betonten Possessivbegleitern aus § 8.1 überein.
Sie richten sich immer in Geschlecht und Zahl nach dem Substantiv (Besitzobjekt), auf das sie sich beziehen.

2. Der Gebrauch

Tus vestidos son más bonitos que los míos.
Tes vêtements sont plus jolis que les miens.

Esta chaqueta es (la) mía.
Cette veste est à moi / c'est la mienne.

Die Possessivpronomen werden verwendet,
- um die Wiederholung des Substantivs zu vermeiden,
- um Besitz anzuzeigen.

Ser + mío, -a, tuyo, -a etc. gibt den Besitz an und wird mit *gehört mir, dir* etc. übersetzt.

Ser + el, la, los, las + mío, -a, tuyo, -a etc. wird zur Identifikation einer Sache unter mehreren verwendet.

Cuéntame sobre lo vuestro.
Erzähl mir, was zwischen euch läuft.

Mit *lo* + Possessivpronomen bezieht sich der Sprecher auf einen ganzen Satz oder Sachverhalt.

→ Für die Personalpronomen nach Präposition *(es para mí, es de ella)* siehe § 5.2.

Para evitar errores ...

1. *de* + Personalpronomen:

- Beachten Sie, dass im Spanischen die Konstruktion *de* + Personalpronomen nur verwendet wird, um die dritte Person deutlich zu identifizieren:

¿La casa es de él o de ella?
La maison est à lui ou à elle ?
Gehört das Haus ihm oder ihr?

La carta es de usted, ¿no?
Cette lettre est de vous, n'est-ce pas ?
Der Brief ist von Ihnen, nicht wahr?

- Ansonsten werden die betonten Possessivpronomen verwendet:

La bolsa es mía.
Ce sac est à moi. C'est mon sac.
Die Tüte ist von mir.

¿Es esta llave vuestra?
C'est votre clé ?
Ist der Schlüssel hier von euch?

2. Possessivbegleiter:

- Im Spanischen werden Possessivbegleiter seltener verwendet als im Deutschen / Englischen:

Me puse los guantes.
J'ai mis mes gants.
Ich zog meine Handschuhe an.
I put on my gloves.

El chico me acarició la mano.
Le garçon m'a caressé la main.
Der Junge streichelte meine Hand.
The boy stroked my hand.

- Notwendig sind die Possessivbegleiter aber, wenn im Kontext das Besitzverhältnis nicht deutlich wird:

¿Dónde están tus camisas?
Où sont tes chemises ?

Toma mi paraguas, el tuyo está roto.
Prends mon parapluie, le tien est cassé.

3. Mehrdeutigkeit von *su / sus / suyo* ...:

Die genaue Bedeutung von *su / sus / suyo* ... ist oft nur im Kontext zu erkennen:

Es suyo.
C'est à lui / à elle / à eux / à elles / à vous (lat.am.) / à vous, monsieur/madame.
Es gehört ihm / ihr / ihnen / euch (lat.am.) / Ihnen.

—Ese coche, ¿es suyo? (de usted) —No, no es mío, es de ella.
—¿Cuál es su dirección? (de ustedes) —Vivimos en la calle Espinoza n.°18.
—¿Conocéis a su marido? (de ella) —Sí, trabaja con nosotras.
Me presentó a su esposa. (de él) Era guapísima.
Llamaban a sus amigos (de ellos), pero todos estaban de vacaciones.
Preparaban sus mochilas (de ellas) antes de ir al colegio.

4. Besonderheit in Andalusien, auf den Kanarischen Inseln und in Hispanoamerika:

Hier wird statt der 2. Person Plural *(vosotros, -as) ustedes* verwendet, und ebenso *su* statt *vuestro, -a*:

Me intereso por su idioma (de vosotros).

Relativpronomen und -adverbien
Pronombres y adverbios de relativo

Andalucía, que es una comunidad autónoma española, me gusta.

Relativsätze werden mit einem Relativpronomen oder -adverb eingeleitet und bestimmen ein Wort (Bezugswort) näher, das bereits genannt wurde.

§ 9.1 Übersicht über Relativpronomen und -adverbien
Lista de pronombres y adverbios de relativo

Pronomen (oder Begleiter)	que el que / la que los que / las que el cual / la cual los cuales / las cuales quien / quienes	der / die / das(jenige) welche (-r, -s) wer
	lo que / lo cual	was
	cuyo / cuya cuyos / cuyas	dessen / deren
Adverb	donde	wo
	cuando	als / wenn / sobald
	como	wie

Die Relativpronomen erfüllen zwei Funktionen: Sie können Substantive, Pronomen und Adverbien des übergeordneten Satzes ergänzen oder zwei Sätze miteinander verbinden.
Anstelle von zusammengesetzten Relativpronomen – *en / a* + [Artikel +] *que / cual* – können auch unveränderliche Adverbien *(donde, cuando, como)* verwendet werden. Im Französischen entspricht dies den Adverbien *où, quand, comme*.

➔ Für den Gebrauch des *subjuntivo* in Relativsätzen siehe § 17.8.

§ 9.2 Der Kommagebrauch in Relativsätzen La coma en las frases de relativo

Relativsätze werden – wie im Englischen und Französischen – in zwei Arten unterteilt:

Voy a hablar con el profesor que da clases de inglés.
Je vais parler au professeur qui donne des cours d'anglais.
I am going to talk to the teacher who teaches English.

→ notwendige Information, kein Komma

Die notwendigen Relativsätze sind für den Sinn des Satzes wesentlich und werden deshalb nicht durch Kommas abgetrennt.

El profesor de inglés, que está enfermo, me ha enviado un e-mail.
Le professeur d'anglais, qui est malade, m'a envoyé un e-mail.
The English teacher, who is ill, has sent me an e-mail.

→ zusätzliche Information, durch Kommas abgetrennt

Die erklärenden Relativsätze geben nur zusätzliche, aber für das Verständnis des Satzes nicht notwendige Informationen. Sie werden durch Kommas vom Hauptsatz abgetrennt.

[!] Im Deutschen steht vor dem Relativpronomen grundsätzlich ein Komma.

§ 9.3 Que, el que, el cual, quien

1. Que

El chico que está allí.
El paquete que está allí.

Que ist unveränderlich und kann sich auf Personen und Gegenstände beziehen.

Veo una persona que lleva guantes.

Handelt es sich um einen notwendigen Relativsatz, muss *que* verwendet werden. *El que* oder *la que* sind dann nicht zulässig (vgl. § 9.3.2).

Esa persona, que / la cual lleva guantes, es mi tío.

Handelt es sich um einen erklärenden Relativsatz, darf *que* oder *el cual / la cual / los cuales / las cuales* verwendet werden.

[!] Im Französischen wird zwischen dem Subjekt- und Objektpronomen unterschieden:
Le chat qui ronronne (schnurren). ⟷ *Le chat que nous entendons ronronner.*

2. El que, la que, los que, las que

El que / la que / los que / las que benutzt man

- zur eindeutigen Identifizierung der Bezugsperson oder -sache,
- wenn kein Bezugswort im Satz enthalten ist (wie beim deutschen *derjenige, der* etc.),
- und nach *todos / todas*.

Esa chica, la que lleva un jersey rojo, es mi amiga.
Cette fille-là, celle qui porte un pull rouge, est mon amie.

Los que tengan hambre pueden comer ya.
Ceux qui ont faim peuvent déjà manger.

Pueden descansar todos los que estén cansados.
Tous ceux qui sont fatigués peuvent se reposer.

La casa en la que vivo es muy grande.
La maison dans laquelle je vis est très grande.

Los chicos de los que hablas son mis primos.
Les garçons dont tu parles sont mes cousins.

Beginnt der Relativsatz mit einer Präposition, wird in der Regel Präposition + Artikel + *que* verwendet.

3. El cual, la cual, los cuales, las cuales, quien, quienes

El cual / la cual usw. kann sich auf Personen oder Sachen beziehen. Man verwendet es

La casa en la cual vivo tiene tres pisos.

- nach Präpositionen (vgl. *el que*),

Mi perro, el cual era muy viejo, se murió ayer.

- um das Bezugswort zu erklären (vgl. *que*).

He encontrado a Julio, quien me ha invitado a comer.
J'ai rencontré Julio qui m'a invité à manger.

Quien / quienes bezieht sich nur auf Personen und wird in der gesprochenen Sprache oft durch *que* ersetzt.

Im Französischen kann sich *qui* (wie das spanische *que*) hingegen auch auf Sachen beziehen (vgl. § 9.3):

J'ai pris un train qui ne s'arrête pas à toutes les gares.
He cogido un tren que no para en todas las estaciones.

El TGV – Tren de Gran Velocidad

Luis, el cual / que trabajaba aquí, está ahora en huelga.
Luis, qui travaille ici, est en train de faire grève.

He visto a la actriz de quien / de la que me hablaste.
J'ai vu l'actrice dont tu m'as parlé.

El cual bzw. *quien* können immer durch eines der zwei vorher genannten Pronomen (*que* oder *el que*) ersetzt werden.
Für den richtigen Gebrauch der Relativpronomen reicht es also, wenn Sie *que* und *el que* gut unterscheiden.

§ 9.4 Lo que, lo cual

Llegó tarde, lo cual / lo que es muy raro en él.
Il est arrivé tard, ce qui est très rare chez lui.
Er kam zu spät, was ungewöhnlich für ihn ist.

Lo que und *lo cual* beziehen sich auf einen ganzen Satz bzw. seinen Inhalt und werden im Deutschen mit *was* oder *das, was* wiedergegeben.
Das französische *ce qui / ce que* hat dieselbe Funktion.

Man verwendet *lo que* (und nicht *lo cual*!)

Eso es todo lo que sé.
C'est tout ce que je sais.

- nach *todo*,

¿Sabes lo que me pasó ayer?
Tu sais ce qui m'est arrivé hier ?

- wenn der Satz oder Inhalt, auf den man sich bezieht, nicht genannt wird.

§ 9.5 Cuyo

La casa, de cuyo número no me acuerdo, está cerca de aquí.
La maison dont je ne me rappelle plus le numéro se trouve près d'ici.

Aquí está la casa de cuyas ventanas colgaban tres jaulas.
Ici se trouve la maison aux fenêtres desquelles étaient suspendues trois cages d'oiseau.

Esa chica, cuyos padres son de Panamá, estudia conmigo.
Cette fille, dont les parents sont de Panama, fait ses études avec moi.

Der Begleiter *cuyo (dessen, deren)* wird wie ein Adjektiv verwendet und richtet sich in Geschlecht und Zahl nach dem Wort, das folgt.

Cuyo, cuya usw. stammen vom unveränderlichen lateinischen Genitivpronomen *cuius* ab.

§ 9.6 Donde, cuando, como

El instituto donde (en el que) estudio es muy grande.
L'institut où je fais mes études est très grand.
The institute I'm studying at (where I study) is very big.

Ese mes, cuando (en el que) llegué a Buenos Aires, hacía frío.
Ce mois-là, quand je suis arrivé à Buenos Aires, il faisait froid.
That month, when I arrived in Buenos Aires, it was very cold.

Es la manera como (de la que) hay que decirlo.
C'est comme ça qu'il faut le dire.
That is how you should say it.

Die Relativadverbien sind unveränderlich.
Sie können durch Präposition + *el que* ersetzt werden.

El lugar de donde vengo es muy hermoso, pero el lugar adonde voy es todavía más hermoso.
L'endroit d'où je viens est très beau, mais l'endroit où je vais est encore plus beau.
The place (where) I come from is very nice, but the place (where) I'm going to is even nicer.

Donde kann auch mit Präpositionen verwendet werden. *Adonde* wird in der Regel zusammengeschrieben.

Para evitar errores ...

1. **Achten Sie darauf, dass die Relativpronomen und -adverbien ohne Akzent geschrieben werden, anders als die (direkten und indirekten) Fragepronomen:**

Fui adonde me dijo.	= (dorthin), wo(hin) ...	⟷	**¿Adónde debo ir?**	= wohin?
Miro todo lo que haces.	= (das), was ...	⟷	**¿Qué haces?**	= was?
Fue ayer cuando llegó María.	= (damals), als ...	⟷	**¿Cuándo llegó María?**	= wann?
Hicimos todo como nos dijeron.	= (so), wie ...	⟷	**¿Cómo lo hicisteis?**	= wie?

2. **Verwenden Sie lieber *lo que* als *lo cual*. *Lo que* können Sie immer verwenden, *lo cual* nicht:**
   ¿Qué es lo que ~~lo cual~~ quieres? Was willst du eigentlich?

3. **In manchen Fällen darf *quien/quienes* nicht verwendet werden:**
   - **Nach *todo / todos*: Vengan aquí todos los que ~~quienes~~ sepan bailar.**
   - **In notwendigen Relativsätzen: Busco a los chicos que ~~quienes~~ tienen clase ahora.**

4. **Das Französische differenziert – anders als das Spanische – Subjekt- und Objektpronomen:**

El perro que ladra...	Le chien qui aboie...	Der Hund, der bellt ...
El perro que vemos...	Le chien que nous voyons...	Der Hund, den wir sehen ...

5. **Beachten Sie die unterschiedlichen Funktionen von *que*:**

Relativpronomen:	**Todo lo que quieras.**	Tout ce que tu veux.
Interrogativpronomen:	**¿Qué quieres?**	Qu'est-ce que tu veux ?
Interjektionspronomen:	**¡Qué lástima!**	Quel dommage !
Konjunktion *(als)*:	**Más temprano que ayer.**	Plus tôt qu'hier.
Subjunktion *(dass)*:	**Me han dicho que no.**	On m'a dit que non.

Interrogativpronomen und -adverbien
Pronombres y adverbios interrogativos

Interrogativpronomen und -adverbien leiten eine Frage ein.
Sie werden auch in Ausrufesätzen verwendet.

§ 10.1 Übersicht der Interrogativpronomen und -adverbien
Lista de pronombres y adverbios interrogativos

Unveränderliches Pronomen (Begleiter)	**qué**	was welche, -r, -s wie
Veränderliche Pronomen (Begleiter)	**quién / quiénes**	wer
	cuánto / -os **cuánta / -as**	wie viel / wie viele
	cuál / cuáles	welche, -r, -s
Adverb	**dónde**	wo
	cuándo	wann
	cómo	wie

Frage- und Ausrufewörter werden immer mit Akzent geschrieben.
Sie können mit Präpositionen kombiniert werden:
¿Con qué pagas?
¿Con quién estás?
¿De dónde vienes?
¿Hasta cuándo tienes clase?
usw.

§ 10.2 Die Interrogativpronomen Los pronombres interrogativos

1. Qué

¿Qué ves?
Qu'est-ce que tu vois ?

¿Qué cosa ves aquí?
Quelle chose est-ce que tu vois ici ?

Qué kann alleine als Pronomen und vor einem Substantiv als Begleiter verwendet werden.

¿Qué amigos vienen a la fiesta?
Quels amis viennent à la fête ?
Welche Freunde kommen zur Party?

Als Begleiter wird *que* meistens mit *welche, -r, -s* übersetzt.

¡Qué bonita es tu habitación!
Qu'elle est belle, ta chambre !
Wie schön doch dein Zimmer ist!

In Ausrufesätzen wird *que* meistens mit *wie* übersetzt.

2. Quién, quiénes

¿Con quién estás hablando por teléfono?
Mit wem telefonierst du?

→ Der Fragende geht davon aus, dass nur eine Person gemeint ist.

¿Quiénes (de ellos) se van de vacaciones?
Qui d'entre eux part en vacances ?
Wer (alles) fährt in die Ferien?
Who (of them) is leaving for holidays?

→ Der Sprecher macht deutlich, dass wenigstens zwei Personen in den Urlaub fahren.

Die Pluralform *quiénes* wird verwendet, wenn der Fragende deutlich machen will, dass mehrere Personen gemeint sind.
Das gilt ausschließlich für das Spanische!

3. Cuánto, cuánta, cuántos, cuántas

¿Cuántos barcos ves en el lago?
How many boats can you see on the lake?

Mira los barcos. ¿Cuántos ves en el lago?
Look at the boats. How many can you see on the lake?

Cuánto kann alleine als Pronomen und vor einem Substantiv als Begleiter verwendet werden.
In beiden Fällen richtet es sich in Geschlecht und Zahl nach dem (genannten oder nicht genannten) Substantiv.

4. Cuál, cuáles

¿Cuáles son tus apellidos?
Quel est ton nom de famille ?
Wie lautet dein Nachname?

¿~~Cuáles~~ Qué apellidos tienes?
Quel est ton nom de famille ?
Wie lautet dein Nachname?

In Spanien wird *cuál* nur als Pronomen verwendet. Es steht also nie als Begleiter direkt vor einem Substantiv. In diesem Fall verwendet man *qué*.

¿Cuáles apellidos tiene tu marido?
Welchen Nachnamen hat dein Mann?

In Lateinamerika dagegen ist der Gebrauch von *cuál* + Substantiv üblich.

§ 10.3 Die Interrogativadverbien   Los adverbios interrogativos

¿De dónde venís, cuándo salisteis y cómo fue el viaje?
D'où est-ce que vous venez, quand est-ce que vous êtes partis et comment était votre voyage ?
Where have you come from, when did you set off and how was your journey?

Interrogativadverbien sind unveränderlich und können mit vorangestellten Präpositionen verwendet werden. Im Englischen kann die Präposition auch nachgestellt sein.

¿Adónde vas?
Où est-ce que tu vas ?
Wohin gehst du?
Where are you going?

Adónde wird in der Regel zusammengeschrieben. Französisch *où* und englisch *where* kann sowohl *dónde* als auch *adónde* bzw. *wo* und *wohin* bedeuten.

§ 10.4 Stellung der Fragewörter im Satz
Los pronombres y adverbios interrogativos en la frase

¿A quién has llamado?
Qui est-ce que tu as appelé ?
Wen hast du angerufen?
Who(m) did you call?

¿De quién estáis hablando?
De qui est-ce que vous êtes en train de parler ?
Über wen redet ihr gerade?
Who are you talking about? / About whom are you talking?

Fragewörter stehen in der Regel am Anfang des Satzes und können von einer Präposition begleitet werden. Im Spanischen werden Fragen immer mit dem umgekehrten Fragezeichen eingeleitet.

Dime, María, ¿cuántos años tienes?
María, dis-moi : quel âge as-tu ?
María, sag mir, wie alt bist du?

Die eigentliche Frage kann aber auch mitten in einem Satz anfangen.

¿Tú a quién has llamado ya?
Toi, qui est-ce que tu as déjà appelé ?
Du, wen hast du denn schon angerufen?

Zur Hervorhebung kann das Subjekt vor dem Fragewort sehen.

Para evitar errores . . .

1. **Setzung des Akzents:**
   - **Vergessen Sie den Akzent auf dem Frage- und Ausrufewort nicht:**

     ¡Cuánta gente hay aquí!
     Il y a du monde ici !
     Sind hier aber viele Menschen!

     ¿Con quién hablas?
     Avec qui est-ce que tu parles ?
     Mit wem redest du?

   → Denken Sie auch an das umgekehrte Frage- oder Ausrufezeichen am Anfang des Satzes!

   - **Auch bei indirekten Fragen steht der Akzent auf dem Fragewort:**

     Quería saber con quién hablabas.
     Ich wollte wissen, mit wem du geredet hast.

   - **Dasselbe gilt für indirekte Ausrufe:**

     Le dijo qué guapa era.
     Er sagte ihr, wie hübsch sie doch sei.

2. **Will man sich nach dem Preis oder dem Datum erkundigen, kann *a cuánto* verwendet werden:**

   ¿A cuánto está el kilo de patatas?
   Combien coûte le kilo de pommes de terre ?
   Wie viel kostet das Kilo Kartoffeln?

   ¿A cuánto estamos hoy?
   On est le combien aujourd'hui ?
   Der Wievielte ist heute?

3. **Denken Sie daran, dass man *quiénes* statt *quién* verwendet, wenn das Verb im Plural steht:**

   ¿Quiénes sois?
   Qui êtes-vous ?
   Wer seid ihr?

   ¿Quiénes vienen a la fiesta?
   Qui (d'entre eux) va venir à la fête ?
   Wer kommt alles zur Party?

4. **Unterscheiden Sie zwischen *por qué* und *porque*:**

   —¿Por qué no me has llamado? —Porque no tenía tu número de móvil.
   – Pourquoi est-ce que tu ne m'as pas appelé ? – Parce que je n'avais pas ton numéro.

Adverbien Adverbios

Un coro cantando en el Carnaval de Cádiz

Adverbien geben an, wo, wann oder wie etwas getan wird. Sie sind unveränderlich:

La gente canta alto.

§ 11.1 Funktionen der Adverbien Función de los adverbios

Verb	Yo **nado** bien.
Adjektiv	Antonio es bastante **atractivo**.
Adverb	Tú cantas muy **mal**.
Satz	Posiblemente **vayamos mañana a París.**

Adverbien bestimmen
- ein Verb,
- ein Adjektiv,
- ein anderes Adverb
- oder den ganzen Satz näher.

§ 11.2 Bedeutung der Adverbien Significado de los adverbios

	Adverbien
Zeit	ahora (mismo), ayer, luego, pronto, ya…
Ort	cerca, detrás, ahí, arriba, dentro…
Art und Weise	así, bien, mal…
Verneinung / Vermutung	no, quizá, acaso, jamás, tampoco…
Grad	mucho, demasiado, apenas, más…

Adverbien bezeichnen
- die Zeit,
- den Ort,
- die Art und Weise,
- die Verneinung und Unsicherheit,
- den Grad und die Menge.

→ Für die Steigerung von Adverbien siehe § 12.1, § 12.2 und § 12.5 und für die Verneinung siehe § 13.2.

§ 11.3 Adverbien auf *-mente* Adverbios terminados en *-mente*

Raúl habla perfectamente inglés y alemán, pero solo habla un poco de francés.

Adjektiv	**Adverb auf *-mente***
perfecto, perfecta **tranquilo, tranquila** **actual**	**perfectamente** **tranquilamente** **actualmente**
parfait, parfaite actuel, actuelle heureux, heureuse	parfaitement actuellement heureusement
rápido, rápida	**rápidamente**

Die Adverbien auf *-mente* werden von den Adjektiven abgeleitet: Die Endung *-mente* wird an die feminine Singularform des Adjektivs angehängt.

Das Französische verfährt ebenso mit *-ment*.

Wenn das Adjektiv mit Akzent geschrieben wird, behält das Adverb den Akzent.

§ 11.4 Die unregelmäßigen Adverbien *bien* und *mal*
Los adverbios irregulares *bien* y *mal*

Adjektiv	Adverb
bueno, buena	bien
malo, mala	mal

Die Adverbien von *bueno* und *malo* sind unregelmäßig. Auch die französischen Adverbien *bien* und *mal* sind unregelmäßig.

[!] Latein: *bonus → bene*
Spanisch: ***bueno → bien***
Französisch: *bon → bien*

§ 11.5 Adjektive mit adverbialem Gebrauch Adjetivos que se usan como adverbios

Las dos motos son rápidas.

Las motos van rápido.

Adjektiv	Adverb
rápido, -a	¡Ven rápido!
alto, -a / bajo, -a	No hables tan alto.
claro, -a	Habla más claro.
mucho, -a / poco, -a	Me gusta mucho.
caro, -a / barato, -a	¡Qué caro has comprado!

Einige männliche Adjektive werden auch als Adverbien gebraucht und sind dann unveränderlich.
Im Französischen trifft das zum Beispiel auf die Ausdrücke *couper court, payer cher, parler fort* zu.

[!] Als Gegensatz zum Adverb *rápido* wird meist *despacio* verwendet.
Die Form *lentamente* begegnet viel seltener: *Yo hablo rápido.* ⟷ *Tú hablas despacio.*

§ 11.6 Muy y mucho

Mi novio es muy guapo.

Tú comes muy despacio.
Tu manges très lentement.

Muy steht vor einem Adjektiv oder Adverb.
Das entspricht dem französischen *très*, dem englischen *very*, dem deutschen *sehr*.

Tú hablas mucho.

Juan es mucho más alto y juega mucho mejor al baloncesto que David.
Juan est beaucoup plus grand et joue beaucoup mieux au basket-ball que David.
Juan is much taller and plays basketball much better than David.

Mucho dagegen begleitet ein Verb oder steht vor dem Komparativ.
Im Französischen entspricht dies *beaucoup*, im Englischen *a lot* bzw. *much*.

§ 11.7 Adverbiale Ausdrücke und andere Konstruktionen
Construcciones adverbiales y otros tipos de construcciones

Mis amigos van frecuentemente, es decir a menudo, al cine.

Adv. Ausdruck		Adverb	
en silencio	en silence	ruhig	silently
a menudo	souvent	oft	often
de inmediato	immédiatement	sofort	immediately
en / por todas partes	partout	überall	everywhere
a tiempo	à temps	rechtzeitig	on time
al contado	(au) comptant	bar	(in) cash
de memoria	par cœur	auswendig	by memory

Manchmal wird ein deutsches Adverb im Spanischen mit einem adverbialen Ausdruck wiedergegeben.

Verben oder Verbkonstruktionen		Adverb
Acabamos de llegar.	Nous venons d'arriver.	gerade
Me gusta esquiar.	J'aime bien…	gern(e)
Parece que tienes hambre.	Il paraît que…	anscheinend
Espero que lleguen pronto.	J'espère que…	hoffentlich
Ha vuelto a suspender.	de nouveau	wieder

Es gibt aber auch den Fall, dass das deutsche Adverb im Spanischen mit einem Verb oder einer Verbkonstruktion wiedergegeben wird.

Para evitar errores…

1. ***Estar bien* oder *estar bueno*:**

   - **Denken Sie immer daran, dass mit *bien* oder *mal* nur *estar* und nicht *ser* verwendet wird. Bei *ser* handelt es sich um eine Eigenschaft, bei *estar* um einen Zustand.**
     Esta playa es muy buena. ⟷ Esta playa está muy bien.
     ¡Qué malo es este vino! ⟷ ¡Qué mal está este vino!

   - ***Estar bueno* und *estar malo* haben eine andere Bedeutung:**
     El profesor no ha venido porque está malo. Der Lehrer ist nicht gekommen, weil er krank ist.
     Mi novia está muy buena. Meine Freundin ist sehr attraktiv.

2. **Nach Verben wird *mucho* verwendet:**

   Te quiero mucho. Je t'aime beaucoup. Ich liebe dich sehr. I love you very much.

3. ***Rápido* steht in der Regel nach dem Verb, *rápidamente* dagegen bezieht sich auf den ganzen Satz:**

   Verb + *rápido* → Yo ando rápido.
   rápidamente + Verb/Satz → Rápidamente llegamos a nuestra casa.

Vergleich und Steigerung Los grados de la comparación

¿Más veloz o mejor equipado? El conejo en comparación con la tortuga…

Yo soy más alto que tú.
Je suis plus grand que toi.
Ich bin größer als du.
I am taller than you.

Yo canto mejor que tú.
Je chante mieux que toi.

Es menos inteligente que yo.
Elle est moins intelligente que moi.
She is less intelligent than me.

Es tan guapa como tú.
Elle est aussi jolie que toi.
She is as pretty as you.

Adjektive, Adverbien und Substantive lassen sich vergleichen bzw. steigern.
Im Englischen gibt es zwei Möglichkeiten der Steigerung. Einsilbige und einige zweisilbige Adjektive (auf *-y*, *-er*, *-le* und *-ow*) werden mit *-er / -est* gesteigert: *cheap – cheaper – cheapest*.
Die meisten mehrsilbigen Adjektive werden hingegen mit *more / most* gesteigert:
difficult – more difficult – (the) most difficult.

§ 12.1 Übersicht der Vergleichs- und Steigerungsformen
Lista de los comparativos y superlativos

1. Der Komparativ (Steigerung und Vergleich)

	+	–	=
Adjektive	Es más alta que yo.	Es menos alta que yo.	Es tan guapa como yo.
Adverbien	Habla más claro que yo.	Habla menos claro que yo.	Habla tan claro como yo.
Substantive	Tiene más años que yo.	Tiene menos años que yo.	Tiene tantos años como yo.

2. Der Superlativ (Steigerung im höchsten Grad)

		-ísimo	++
Adjektive	Ella es alta.	Ella es altísima.	Ella es la más alta.
Adverbien	Habla claro.	Habla clarísimo.	Es la que más claro habla.
Substantive	Tiene dinero.		Es el que más dinero tiene.

§ 12.2 Vergleich und Steigerung der Adjektive und Adverbien
Comparativo de los adjetivos y adverbios

1. Regelmäßige Formen

	Adjektive
+	**El avión es más rápido que el coche.** L'avion est plus rapide que la voiture.
–	**La bicicleta es menos rápida que el coche.** Le vélo est moins rapide que la voiture.
=	**Las motos son tan rápidas como los coches.** Les motos sont aussi rapides que les voitures.

Den Komparativ (Vergleich und Steigerung) der Adjektive bildet man mit *más… que*, *menos… que* und *tan… como*. Achten Sie auf die Endung des Adjektivs.

	Adverbien
+	Tú aprendes más despacio que yo.
–	Tú aprendes menos rápido que yo.
=	Tú aprendes tan lentamente como yo.

Adverbien lassen sich wie Adjektive steigern und vergleichen.

2. Unregelmäßige Formen

Adjektiv	Steigerung
bueno	**Juan es bueno (en matemática).** **→ Juan es mejor que tú.** Juan est bon (en maths). → Juan est meilleur que toi.
malo	**Esta peli es mala.** **→ Esta peli es peor que la que vi ayer.** Ce film est mauvais. → Ce film est plus mauvais que celui que j'ai vu hier.
pequeño	**Es una cantidad pequeña.** **→ Es una cantidad menor que la otra.** C'est une petite quantité. → C'est une plus petite quantité que l'autre.
gran(de)	**Es un problema de gran importancia.** **→ Es un problema de mayor importancia.** Ce problème est d'une grande importance. → C'est un problème de plus grande importance.

Manche Adjektive haben in der Steigerung zusätzlich zur regelmäßigen Form eine unregelmäßige.
Im Englischen sind die zwei wichtigsten unregelmäßigen Formen:
good – better – best;
bad – worse – worst.

Esta mesa es más grande que aquella.
Dieser Tisch dort ist größer als der dort.

Frida sale con un hombre mayor.
Frida ist mit einem älteren Mann zusammen.

Marta antes era más buena que ahora.
Früher war Marta liebenswürdiger als jetzt.

Este coche es mejor que el tuyo.
Dieses Auto ist besser als deins.

Die regelmäßige Steigerungsform wird in der Regel verwendet, wenn das Adjektiv in seinem ursprünglichen Sinn und die unregelmäßige, wenn das Adjektiv im übertragenen Sinn gebraucht wird.

Adverb	Steigerung
bien	**Tú juegas bien. → Al fútbol juegas mejor que yo.** Tu joues bien. → Au foot, tu joues mieux que moi.
mal	**Luis canta mal. → Luis canta peor que yo.** Luis chante mal. → Luis chante plus mal que moi.
mucho / bastante...	**Me gusta mucho / bastante esta habitación.** **→ Pero me gusta más la mía.** J'aime beaucoup / bien cette chambre. → Mais j'aime mieux la mienne.
poco / muy poco...	**Me gusta (muy) poco el té.** **→ Pero me gusta (mucho) menos el café.** Je n'aime pas tellement le thé. → Mais j'aime (encore) moins le café.
tanto... como	**Trabajo tanto como tú.** Je travaille autant que toi.

Mucho, *poco* und ihre Abstufungen steigert man mit *más* und *menos* und vergleicht man mit *tanto*.

§ 12.3 Vergleich und Steigerung der Substantive Comparativo de los sustantivos

María tiene	tanto dinero tanta suerte tantos hermanos tantas hermanas	como Mario.

Der Komparativ der Substantive unterscheidet sich vom Komparativ der Adjektive und Adverbien nur in der Stufe der Gleichheit *(tanto, -a, -os, -as)*.

§ 12.4 Ausnahmen und andere Möglichkeiten zu vergleichen
Excepciones y otras posibilidades de comparar

1. *Más de* anstatt *más que*

Tengo más de tres hermanos.
J'ai plus de trois frères.

Esto es más dinero de lo que tú piensas.
Voilà plus d'argent que ce que tu imagines.

Als zweiter Teil des Vergleichs wird *de* anstatt *que* verwendet,
- vor Zahlen, Bruchzahlen, Prozentangaben usw.,
- wenn ein Verb bzw. ein Relativsatz folgt (eingeleitet mit *la que, lo que...*).

2. Andere Vergleichs- und Steigerungsformen

Todo es como nos dijiste.
Tout est comme tu nous avais dit.

Zusätzlich zu *más / menos… que* und *tan / tanto… como* bietet das Spanische weitere Möglichkeiten zu steigern und zu vergleichen:
- *como*

Tu hermano es igual que tú.
Ton frère est pareil que toi.

- *igual que*

Sonia es igual de alta que tú.
Sonia a la même taille que toi.

- *igual de* + Adjektiv + *que*

Ana tiene los mismos años que yo.
Ana a le même âge que toi.

- *el mismo* + Substantiv + *que*

Tú eres muy diferente a mí.
Tu es très différent de moi.

- *diferente a (de)*

La liga inglesa es superior a la noruega.
La ligue anglaise est supérieure à la norvégienne.

- *superior a / inferior a*

Prefiero el campo a la ciudad.
Je préfère la campagne à la ville.

- *preferir a*

§ 12.5 Der Superlativ El superlativo

1. Superlativ des Adjektivs

Superlativ des Adjektivs					
Él	es	**el**	**más / menos**	guapo	de todos.
Ella		**la**		guapa	
Ellos	son	**los**		guapos	
Ellas		**las**		guapas	

Der Superlativ der Adjektive unterscheidet sich vom Komparativ, weil vor *más* oder *menos* der bestimmte Artikel steht.

Es su vestido más bonito.
C'est son plus joli vêtement.

Anstatt des bestimmten Begleiters kann auch ein Possessivbegleiter verwendet werden.

Ha venido a la fiesta con su mejor amigo.
Il est venu à la fête avec son meilleur ami.

Die unregelmäßigen Formen des Komparativs gelten auch für den Superlativ.

Es la chica más guapa del mundo / que conozco.
Voilà la plus jolie fille du monde / que je connaisse.

Mit der Präposition *de* oder mit einem Relativsatz lässt sich der Geltungsbereich des Superlativs einschränken.

2. Superlativ des Adverbs und Substantivs

Superlativ des Adverbs und Substantivs
Elena ha llegado pronto. **→ Elena es la que más pronto ha llegado.** Elena est bientôt arrivée. → C'est Elena qui est arrivée le plus tôt.
Juan tiene diecinueve años. **→ Juan es el que más años tiene.** Juan a dix-neuf ans. → C'est Juan qui est le plus âgé.

Der Superlativ des Adverbs und des Substantivs wird – wie auch im Französischen – mithilfe eines Relativsatzes gebildet.

§ 12.6 Der Superlativ auf *-ísimo* El superlativo terminado en *-ísimo*

Mit der Endung *-ísimo, -ísima, -ísimos, -ísimas* wird ein Adjektiv oder Adverb ohne direkten Vergleich gesteigert.

Superlativ des Adjektivs	Superlativ des Adverbs
Ellas son muy guapas. = Son guapísimas. Elles sont très jolies. = Elles sont très très jolies.	**Yo hablo muy claro. = Hablo clarísimo.** Je parle très clairement. = Je parle de manière extrêmement claire.

[!] Beachten Sie die Orthografie- und Akzentregeln: *simpático → simpatiquísimo, larga → larguísima, difícil → dificilísimo.*

Para evitar errores . . .

1. Im Deutschen bilden wir Sätze wie „Ich laufe am schnellsten". Um diese Sätze ins Spanische zu übersetzen, denken Sie an die deutsche Struktur „derjenige, der", „diejenige, die" usw:

Ich laufe am schnellsten. (Ich bin derjenige, der am schnellsten läuft.)	**Soy el que corre más rápido.** C'est moi qui cours le plus vite.
Maná gefällt mir am besten. (Maná ist die Gruppe, die mir am besten gefällt.)	**Maná es el (grupo) que más me gusta.** C'est le groupe Maná que j'aime le plus.

2. Die Negativ-Steigerung mit *menos interesante* ist im Deutschen nicht üblich. Sie können mit „nicht so interessant wie . . ." übersetzen:

Este libro es menos interesante que esa novela.
Dieses Buch ist nicht so interessant wie dieser Roman.
Ce livre est moins intéressant que ce roman.
This book is less interesting than this novel.

Für den negativen Superlativ wird im Deutschen häufig das entsprechende Antonym verwendet:

el menos largo (= el más corto)	≠	der kürzeste (~~der am wenigsten lange~~)
el menos alto (= el más bajo)	≠	der niedrigste (~~der am wenigsten hohe~~)

3. Die französischen Entsprechungen zu den spanischen Komparativen sind nicht immer bedeutungsgleich:

	Latein	Spanisch	Französisch
Adjektiv	melior	**mejor**	meilleur = besser
	peior	**peor**	pire = schlimmer (!) / plus mauvais = schlechter (!)
	maior	**mayor**	majeur = wichtiger / plus grand = größer
	minor	**menor**	mineur = geringer / plus petit = kleiner
Adverb	melius	**mejor (!)**	mieux = besser
	peius	**peor (!)**	plus mal = schlimmer, schlechter

Die Verneinung La negación

Im Spanischen kann man mehrere Verneinungswörter in einem Satz verwenden.

§ 13.1 Die Verneinung mit *no* La negación con *no*

—¿Te gusta este pastel? —No, no me gusta.
« Tu aimes ce gâteau ? » « Non, je ne l'aime pas. »
"Do you like this cake?" "No, I don't like it."

El joven ya no quiere comer más tarta.
Le jeune ne veut pas manger plus de tarte.
The boy does not want to eat any more cake.

Mit *no* kann man eine Frage beantworten (in der Bedeutung von *nein*) oder das Verb verneinen (in der Bedeutung von *nicht*).
Dagegen unterscheiden das Französische, Englische und Deutsche zwischen *non / ne… pas, no / not* und *nein / nicht*.

No voy a comer más.
Je ne veux pas en manger plus.

Juan, no te he preguntado si quieres pastel.
Juan, je ne t'ai pas demandé si tu veux du gâteau.

No steht immer vor dem konjugierten Verb (oder den vorangestellten Objekt- bzw. Reflexivpronomen). Dies gilt ebenso für *ne… (pas)* im Französischen.

§ 13.2 Die doppelte Verneinung La negación doble

1. Verneinungspronomen und -adverbien nach dem Verb

nada	**No tengo nada de comer.** Je n'ai rien à manger.
nunca / jamás	**No voy jamás al cine.** Je ne vais jamais au cinéma.
nadie	**Esto no lo sabe nadie.** Personne ne sait cela.
ningún	**No tienes ninguna razón para hacerlo.** Tu n'as aucune raison pour faire cela.
tampoco	**Yo no tengo tampoco tu libro.** Je n'ai pas ton livre, moi non plus.

Steht das Verneinungspronomen oder -adverb nach dem Verb, muss vor dem Verb *no* stehen:
no… tampoco, no… nada, no… nunca usw.

apenas	**No tiene apenas hambre.** Il n'a presque plus faim.
ni	**No tiene ni ganas de estudiar.** Il n'a même pas envie d'étudier.

No tengo nada de hambre.
Je n'ai pas du tout faim.
Ich habe überhaupt keinen Hunger.

Mit *nada de* kann man *überhaupt nicht, überhaupt keinen* ausdrücken.

➔ Für die unbestimmten Verneinungspronomen siehe § 7.2 und § 7.3.

2. Verneinungspronomen und -adverbien vor dem Verb

Nunca voy al cine.
Jamais je ne vais au cinéma.

Tampoco me has preguntado.
Toi non plus tu ne m'as pas demandé.

Nadie me está ayudando.
Personne n'est en train de m'aider.

Steht das Verneinungspronomen oder -adverb vor dem Verb, benötigt man kein *no*. Dagegen wird *ne…* im Französischen gebraucht.

¡Nunca más!
Jamais plus !

Apenas has hablado hoy.
Tu as à peine parlé aujourd'hui. *(col.)*

Aber: In Äußerungen ohne Verb oder in der Umgangssprache kann *ne…* auch im Französischen entfallen.

No veo a nadie por ningún lado.
Je ne vois personne nulle part.
Ich sehe nirgends jemand.

Nadie me cuenta nunca nada.
Personne ne me raconte jamais rien.
Mir erzählt nie jemand etwas.

Im Gegensatz zum Deutschen kann im Spanischen und Französischen eine mehrfache Verneinung notwendig sein.

§ 13.3 Die Verneinung *ni… ni* La negación *ni… ni*

Su novio no es ni atractivo ni rico.
Su novio no es atractivo ni rico.
Su novio ni es atractivo ni rico.
Son fiancé n'est ni attractif ni riche.

Die Verneinung *ni… ni* kann man mit *weder … noch* wiedergeben. Sie richtet sich nach den Regeln der doppelten Verneinung: Steht ein *no* vor dem Verb, kann man das erste *ni* auch weglassen (oder *no* durch *ni* ersetzen).

Para evitar errores…

1. **Manche Ausdrücke haben eine verneinende Bedeutung:**

En mi vida he estado en París.	Ich war noch nie in Paris.
—¿Dónde está Ana? —Cualquiera sabe.	„Wo steckt Ana?" „Das weiß niemand."
¡Estamos para bromas!	Uns ist gar nicht zum Lachen zumute!
Eso me importa un pepino. *(col.)*	Das interessiert mich überhaupt nicht.

2. **Nach *sin (que)* oder *antes de que* kann man Verneinungspronomen oder -adverbien verwenden:**

Se fue sin decir nada.	Er ging ohne etwas zu sagen.
Antes de que pase nada, vámonos.	Bevor etwas geschieht, lass uns gehen!

3. **In Verbindung mit *no* kann *alguno* nach dem Substantiv eine verneinende Bedeutung haben:**

No hay posibilidad alguna de hacerlo.	Es gibt keine Möglichkeit, es zu tun.

4. **Achtung: *Ya no (nicht mehr)* ist nicht zu verwechseln mit *todavía no (noch nicht)*.**
   Hüten Sie sich auch vor dem häufigen Übersetzungsfehler *schon nicht* für *ya no*!

Juan ya no está en casa.	Juan n'est plus à la maison.	Juan ist nicht mehr zu Hause.
Todavía no ha regresado.	Il n'est pas encore rentré.	Er ist noch nicht zurück.

5. ***Solo/solamente (nur)* wird im Hispanoamerikanischen oft durch *no más* ersetzt:**

Tengo solo 19 años.	Tengo 19 años no más.	Je n'ai que 19 ans.

Das Verb El verbo

—Ayer Elena tomó el autobús a Madrid porque hoy tenía una entrevista de trabajo. Ahora se encuentra muy cansada.

Verben drücken Tätigkeiten, Vorgänge oder Zustände aus. Sie werden konjugiert.

§ 14.1 Die drei Konjugationen Las tres conjugaciones

—¿Qué hacemos esta noche?
—Pues, quedamos con los amigos y salimos de fiesta.

Infinitiv	Stamm	Endung
habl**ar**	habl-	aba
perd**er**	perd-	ieron
abr**ir**	abr-	irás

Das Verb besteht aus einem Stamm und einer Endung.

Verben auf *-ar*		Verben auf *-er*		Verben auf *-ir*	
hablar	parler	**beber**	boire	**dormir**	dormir
cantar	chanter	**hacer**	faire	**salir**	partir
esperar	espérer	**perder**	perdre	**venir**	venir

Die spanischen Verben enden auf *-ar*, *-er* und *-ir*. Häufig entsprechen diese den französischen Verben auf *-er*, *-re* und *-ir*.
Es gibt jedoch (v. a. bei den Verben auf *-er* und *-ir* bzw. *-re* und *-ir*) Ausnahmen, wie z. B. ***decir*** – *dire* oder ***tener*** – *tenir*.

➔ Für die reflexiven Verben siehe auch § 5.7.

§ 14.2 Die Modi Los modos verbales

—¿No vienes a la fiesta de Elena?
—Ojalá pudiera.

Indicativo	Subjuntivo
Cuando llegó, lo vi. Quand il est arrivé, je l'ai vu. Als er ankam, sah ich ihn.	**Cuando llegue, avísame.** Quand il arrive, dis-le moi. Falls er kommt, sag mir Bescheid.
Es cierto que está casado. Il est certain qu'il est marié. Mit Sicherheit ist er verheiratet.	**Dudo que esté casado.** Je doute qu'il soit marié. Ich bezweifle, dass er verheiratet ist.
Ana dice que me quiere. Ana dit qu'elle m'aime. Ana sagt, dass sie mich liebt.	**Ana no dice que me quiera.** Ana ne dit pas qu'elle m'aime. Ana sagt nicht, dass sie mich liebt.

Der Modus zeigt die Sicht der Dinge. Als Faustregel gilt, dass man den Indikativ verwendet, wenn etwas als real oder wahrscheinlich angesehen wird; der *subjuntivo* drückt dagegen die Möglichkeit, Zweifel oder Unwirklichkeit aus.

Oft gibt es für den einen oder anderen Modus sogenannte Signalwörter, zum Beispiel: *ojalá + subjuntivo*. Hier kann das Französische helfen: *pour que tu fasses → para que hagas; bien que je t'aie dit → aunque te haya dicho*.
Aber: Während nach *bien que*, *quoique* immer der *subjonctif* folgt, kann nach *aunque* auch der Indikativ stehen!

Condicional	Imperativo
Ana tendría unos 30 años. Ana aurait dans les 30 ans.	**¡Ayúdame! (tú)** Aide-moi !
¿Podrías ayudarme? Pourrais-tu m'aider ?	**¡Ayudadme! (vosotros)** Aidez-moi !
Si tuviese dinero, compraría este yate. Si j'avais de l'argent, j'achèterais ce yacht.	**¡Ayúdenme! (ustedes)** Aidez-moi !
	¡No grites! (tú) Ne crie pas !

Als weitere Modi gibt es das *condicional* und den Imperativ. Mit dem *condicional* lässt sich eine Vermutung oder Wahrscheinlichkeit ausdrücken. Es steht auch als Höflichkeitsform oder im Hauptsatz von Bedingungssätzen.
Der Imperativ ist die Befehlsform.

§ 14.3 Aktiv und Passiv La voz activa y la voz pasiva

Solo se vive dos veces

—James Bond **abre** la caja fuerte.
—La caja fuerte **está abierta**.

Im Passiv stehen die Vorgänge und die von der Handlung betroffenen Personen oder Sachen im Mittelpunkt (hier: *el artículo*).

Aktiv	Passiv
Luis escribió el artículo.	El artículo fue escrito por Luis.

§ 14.4 Die infiniten Formen Las formas no conjugadas

Infinitiv	Comer es importante para vivir.
Partizip	Terminado el partido, me fui.
Gerundium	Entró en casa gritando.

Infinitiv, Partizip und Gerundium unterscheiden sich darin von den anderen Formen des Verbes, dass sie nicht konjugiert werden.

[!] Das spanische *gerundio* ist nur teilweise funktionsgleich mit dem französischen *gérondif*, dem englischen *gerund* oder dem lateinischen Gerundium bzw. Gerundivum. Siehe dazu § 19.3.3.

Der Indikativ El indicativo

Der Indikativ ist der Modus, der verwendet wird, um Tatsachen auszudrücken:

Ayer estuve en Machu Picchu, que son unas ruinas. Mañana voy a ir a Cuzco.

El presente

Präsens Indikativ	Machu Picchu hoy en día son unas ruinas incas.
Verlaufsform: *estar + gerundio*	Estoy sacando una foto de Machu Picchu.

Auch im Englischen gibt es eine Verlaufsform: *I am looking for a photo that shows Machu Picchu. He was reading, when she entered the room.*

§ 15.1 Präsens: regelmäßige Verben El presente: los verbos regulares

1. Regelmäßige Verben

	tomar	beber	abrir
(yo)	tomo	bebo	abro
(tú)	tomas	bebes	abres
(él, ella / usted)	toma	bebe	abre
(nosotros, -as)	tomamos	bebemos	abrimos
(vosotros, -as)	tomáis	bebéis	abrís
(ellos, -as / ustedes)	toman	beben	abren

—¿Tomamos algo?
—Sí, yo bebo un refresco de cola. ¿Abres tú la botella?

Vosotros llegáis, nos saludáis y después os vais.

Die 2. Person Plural bekommt einen Akzent: *habláis, leéis, partís* usw.
Ausnahme: Einsilbige Formen werden ohne Akzent geschrieben.

2. Änderungen in der Schreibweise

g → j	**Infinitiv: coger**
dirigir, proteger…	Tú coges el autobús y yo cojo el tren.
gu → g	**Infinitiv: distinguir**
extinguir, seguir…	Hay personas que no distinguen el rojo y el verde, pero yo sí, distingo los colores.

Damit die Aussprache erhalten bleibt, kann sich die Schreibweise in der 1. Person Singular ändern.

í	Infinitiv: enviar	
ampliar, confiar, esquiar, guiar, prohibir, vaciar…	envío envías envía	enviamos enviáis envían
ú	**Infinitiv: reunirse**	
acentuar, continuar, graduarse…	me reúno te reúnes se reúne	nos reunimos os reunís se reúnen

Aufgrund der Betonungsregeln muss bei einigen Verben im Singular und in der 3. Person Plural ein Akzent gesetzt werden.

§ 15.2 Präsens: unregelmäßige Verben El presente: los verbos irregulares

1. Verben mit Vokaländerung

construyo	construimos
construyes	construís
construye	construyen

duermo	dormimos
duermes	dormís
duerme	duermen

juego	jugamos
juegas	jugáis
juega	juegan

sigo	seguimos
sigues	seguís
sigue	siguen

quiero	queremos
quieres	queréis
quiere	quieren

o → ue	Infinitiv: contar	
colgar, costar, dormir, llover, morir, mostrar, mover, poder, (com)probar, recordar, volar, (re)volver…	cuento cuentas cuenta	contamos contáis cuentan

Bei manchen Verben ändert sich der Stammvokal von *o* zu *ue*, wenn die entsprechende Silbe betont wird.

[!] Das Verb *oler* bildet eine Ausnahme: Vor dem anlautenden *ue* wird ein *h* geschrieben: *Yo huelo la rosa.*

Si vosotros jugáis, yo también juego al fútbol.

Das Verb *jugar* hat eine ähnliche Unregelmäßigkeit wie die Verben *o → ue*: der Stammvokal *u* ändert sich zu *ue*.

e → ie	Infinitiv: perder	
advertir, cerrar, despertar, divertirse, empezar, mentir, pensar, preferir, querer, recomendar, sentir…	pierdo pierdes pierde	perdemos perdéis pierden

Bei anderen Verben ändert sich der Stammvokal von *e* zu *ie*, wenn die entsprechende Silbe betont wird.

e → i	Infinitiv: pedir	
corregir, despedir, elegir, medir, (son)reír, repetir, seguir, servir, vestir(se)…	pido pides pide	pedimos pedís piden

Eine dritte Gruppe von Verben mit Vokaländerung bilden die Verben mit der Änderung von *e* zu *i*, wenn die entsprechende Silbe betont wird.

[!] Beachten Sie bei den unregelmäßigen Verben zusätzliche Änderungen in der Schreibweise, wie z. B. *elegir → elijo* (siehe § 15.1.2).

i → y	Infinitiv: huir	
concluir, construir, destruir, incluir, influir, sustituir…	huyo huyes huye	huimos huís huyen

Bei den Verben, die auf *-uir* enden, wird *i* zwischen Vokalen zu *y*.

2. Unregelmäßige Verben in der 1. Person Singular

Infinitiv	-zco	Infinitiv	-zco
agradecer	agradezco	ofrecer	ofrezco
conducir	conduzco	(a)parecer	(a)parezco
(re)conocer	(re)conozco	producir	produzco
crecer	crezco	traducir	traduzco

Verben, die auf *-ecer*, *-ocer* und *-ucir* enden, bilden die 1. Person Singular mit *-zco*.

Infinitiv	-(i)go	Infinitiv	-(i)go
caer	caigo	salir	salgo
hacer	hago	traer	traigo
poner	pongo	valer	valgo

Manche Verben bilden die 1. Person Singular mit der Endung *-(i)go*.

Infinitiv	1. Pers. Sg.	Infinitiv	1. Pers. Sg.
caber dar estar	quepo doy estoy	saber ver	sé veo

Auch bei diesen Verben ist die 1. Person Singular unregelmäßig.

3. Wichtige unregelmäßige Verben

decir	estar	haber	ir	oír	ser	tener	venir
digo	estoy	he	voy	oigo	soy	tengo	vengo
dices	estás	has	vas	oyes	eres	tienes	vienes
dice	está	ha/hay	va	oye	es	tiene	viene
decimos	estamos	hemos	vamos	oímos	somos	tenemos	venimos
decís	estáis	habéis	vais	oís	sois	tenéis	venís
dicen	están	han	van	oyen	son	tienen	vienen

§ 15.3 Der Gebrauch des Präsens El uso del presente

—María está (= **Gegenwart)** en Granada. Mañana vuelve (= **Zukunft)** a Cádiz.

Yo **siempre** como en casa de mis padres.
Ahora llueve más que antes.
Managua es la capital de Nicaragua.

Das Präsens beschreibt:
- regelmäßige Handlungen und Zustände,
- Handlungen in der Gegenwart und
- zeitunabhängige Tatsachen.

Ahora me ayudas, ¿vale?
Mañana escribo un examen de Matemáticas.

Es wird ebenfalls verwendet,
- um einen Befehl / eine Bitte auszudrücken und
- um Handlungen oder Ereignisse zu nennen, die in der nahen Zukunft stattfinden werden.

§ 15.4 Estar + gerundio

—Julia, ¿qué estás haciendo?
« Julia, qu'est-ce que tu es en train de faire ? »
"Julia, what are you doing?"

—Estoy sacando el coche del garaje.
« Je suis en train de sortir la voiture du garage. »
"I'm taking the car out of the garage."

Verlaufsform: *estar + gerundio*
El autobús está saliendo. Le bus est en train de partir. Der Bus fährt gerade ab. The bus is leaving.

Mit *estar* + Gerundium wird eine Handlung beschrieben, die gerade stattfindet.
Im Französischen verwendet man hierfür die Konstruktion *être en train de faire qc.*, im Englischen steht das *present progressive*.

Cuando Ana estaba leyendo, llamaron a la puerta.
No digo que el orador esté hablando mal, pero me parece que está inseguro.

Diese Verlaufsform ist nicht nur im Indikativ Präsens, sondern auch in anderen Zeiten sowie im *subjuntivo* möglich.

➔ Für die Bildung des Verbs *estar* siehe § 15.2.3, für die Bildung des Gerundiums § 19.3.1.

Los tiempos para expresar el pasado

Perfecto	Hoy he ido a Cuzco.
Indefinido	Ayer fui a Cuzco.
Imperfecto	Antes iba a Cuzco todos los años.
Pluscuamperfecto	Antes de llegar a Lima había ido a Cuzco.

§ 15.5 Vergangenheit: *pretérito perfecto* El pasado: el pretérito perfecto

—Ernesto, ¿qué has hecho esta mañana?
—He ido al instituto.

1. Regelmäßige Verben

	Präsens von *haber* + Partizip	
(yo)	he	cambiado bebido traducido
(tú)	has	
(él, ella / usted)	ha	
(nosotros, -as)	hemos	
(vosotros, -as)	habéis	
(ellos, -as / ustedes)	han	

Das *pretérito perfecto* bildet man ausschließlich mit dem konjugierten Präsens von *haber* und dem unveränderlichen Partizip des Verbs.

Lucía y Sara han ido al supermercado.
Lucía et Sara sont allées au supermarché.

Anders als im Französischen ist das Partizip im Spanischen unveränderlich. Ein weiterer Unterschied besteht darin, dass das Spanische alle zusammengesetzten Zeiten mit *haber* bildet, wohingegen das Französische zwei Hilfsverben (*avoir* und *être*) verwendet.

¿Ha visto alguien mi DVD?
Quelqu'un a vu mon DVD ?
Has anyone seen my DVD? / Did anyone see my DVD?

¿Todavía no lo has encontrado?
Tu ne l'as toujours pas trouvé ?
Hast du sie immer noch nicht gefunden?
Haven't you found it yet?

Anders als im Französischen, Deutschen oder Englischen werden im Spanischen das Hilfsverb *haber* und das Partizip nicht voneinander getrennt.

No he creído lo que me han dicho.
Se le ha caído su móvil al agua.

Partizipien von Verben wie *creer* und *caer*, deren Stamm auf einen starken Vokal (*a*, *o*, *e*) endet, schreibt man mit Akzent.

2. Unregelmäßige Verben

Infinitiv	Unregelmäßiges Partizip	Infinitiv	Unregelmäßiges Partizip
abrir	Hemos abierto la puerta.	**poner**	Me he puesto el abrigo.
decir	Tus padres han dicho la verdad.	**romper**	Tú has roto el juguete.
escribir	He escrito dos cartas.	**ver**	No he visto esa película.
hacer	¿Has hecho la cama?	**volver**	¿Por qué no has vuelto todavía?
morir	¿Cuántos soldados han muerto?		

Hemos previsto la llegada de mucha gente.
Tú no has propuesto nada interesante.

Zusammengesetzte Verben bilden das Partizip wie das Verb, von dem sie abgeleitet sind.

➔ Für die Bildung weiterer unregelmäßiger Partizipien siehe § 19.2.1.

§ 15.6 Vergangenheit: *pretérito imperfecto* El pasado: el pretérito imperfecto

—De niño no me gustaba ir a museos, pero ahora sí.

1. Regelmäßige Verben

	atacar	vender	existir
(yo)	atacaba	vendía	existía
(tú)	atacabas	vendías	existías
(él, ella / usted)	atacaba	vendía	existía
(nosotros, -as)	atacábamos	vendíamos	existíamos
(vosotros, -as)	atacabais	vendíais	existíais
(ellos, -as / ustedes)	atacaban	vendían	existían

Die Endungen der Verben auf *-er* und *-ir* sind identisch.

En la fiesta había mucha gente.

Das *pretérito imperfecto* von *hay* lautet *había*.

2. Unregelmäßige Verben

	ser	ir	ver
(yo)	era	iba	veía
(tú)	eras	ibas	veías
(él, ella / usted)	era	iba	veía
(nosotros, -as)	éramos	íbamos	veíamos
(vosotros, -as)	erais	ibais	veíais
(ellos, -as / ustedes)	eran	iban	veían

Nur diese drei Verben haben unregelmäßige Formen im *pretérito imperfecto*.

§ 15.7 Vergangenheit: *pretérito indefinido* El pasado: el pretérito indefinido

—Hijo, ¿compraste ayer el libro de Física?
—Lo siento, no tuve tiempo.

1. Regelmäßige Verben

	mirar	comer	escribir
(yo)	miré	comí	escribí
(tú)	miraste	comiste	escribiste
(él, ella / usted)	miró	comió	escribió
(nosotros, -as)	miramos	comimos	escribimos
(vosotros, -as)	mirasteis	comisteis	escribisteis
(ellos, -as / ustedes)	miraron	comieron	escribieron

Die Personalendungen der Verben auf *-er* und *-ir* sind identisch.

Verben	g → gu
apagar, colgar, jugar, llegar, pagar…	Yo llegué tarde, pero ella llegó todavía más tarde.
Verben	**c → qu**
acercarse, buscar, cruzar, explicar, sacar, tocar…	Ana sacó una foto mejor que la que yo saqué.
Verben	**z → c**
comenzar, empezar…	Yo empecé a las nueve y él empezó a las diez.
Kein Akzent bei einsilbigen Verbformen	
Yo vi lo que ellos habían pintado.	

Bei manchen Verben muss im *indefinido* die Schreibweise angepasst werden.

2. Gruppenverben

	e → i / i pedir	e → ie / i sentir	o → ue / u dormir
(yo)	pedí	sentí	dormí
(tú)	pediste	sentiste	dormiste
(él, ella / usted)	pidió	sintió	durmió
(nosotros, -as)	pedimos	sentimos	dormimos
(vosotros, -as)	pedisteis	sentisteis	dormisteis
(ellos, -as / ustedes)	pidieron	sintieron	durmieron

Weitere Verben nach diesen Mustern:
- **i / i:** *conseguir (g / gu), despedir, elegir (g / j), reírse (í), repetir, seguir (g / gu), servir, vestirse*
- **ie / i:** *advertir, convertirse, divertirse, mentir, preferir*
- **ue / u:** *morir*

	-eer / -aer leer	-uir construir
(yo)	leí	construí
(tú)	leíste	construiste
(él, ella / usted)	leyó	construyó
(nosotros, -as)	leímos	construimos
(vosotros, -as)	leísteis	construisteis
(ellos, -as / ustedes)	leyeron	construyeron

Weitere Verben nach diesem Muster:
- **-eer, -aer:** *caer, creer, proveer* und *oír*
- **-uir:** *contribuir, destruir, huir (yo hui), incluir*

3. Weitere unregelmäßige Verben

Verben	Stamm	Endungen
andar	anduv-	
estar	estuv-	
caber	cup-	e
haber	hub-	iste
poder	pud-	o
poner	pus-	imos
querer	quis-	isteis
saber	sup-	ieron
tener	tuv-	
venir	vin-	

Die Endungen sind für alle diese Verben gleich.

dar	decir	hacer	ir / ser	traducir	traer	ver
di	dije	hice	fui	traduje	traje	vi
diste	dijiste	hiciste	fuiste	tradujiste	trajiste	viste
dio	dijo	hizo	fue	tradujo	trajo	vio
dimos	dijimos	hicimos	fuimos	tradujimos	trajimos	vimos
disteis	dijisteis	hicisteis	fuisteis	tradujisteis	trajisteis	visteis
dieron	dijeron	hicieron	fueron	tradujeron	trajeron	vieron

Sonia propuso algo muy interesante.

Zusammengesetzte Verben bilden das *indefinido* wie das Verb, von dem sie abgeleitet sind.

Ayer hubo un partido del Barça.

Das *indefinido* von *hay* lautet *hubo*.

§ 15.8 Vergangenheit: *pretérito pluscuamperfecto*
El pasado: el pretérito pluscuamperfecto

—Cuando Alfredo llegó a casa y encendió la tele, ya había terminado el partido.

	Imperfecto von *haber* + Partizip	
(yo)	había	cambiado bebido traducido
(tú)	habías	
(él, ella / usted)	había	
(nosotros, -as)	habíamos	
(vosotros, -as)	habíais	
(ellos, -as / ustedes)	habían	

Das *pretérito pluscuamperfecto* bildet man mit dem konjugierten *pretérito imperfecto* von *haber* und dem unveränderlichen Partizip des Verbs.

➔ Für die unregelmäßigen Partizipien siehe § 15.5.2 sowie § 19.2.1.

§ 15.9 Der Gebrauch der Vergangenheitszeiten El uso de los tiempos del pasado

—Mientras Sonia esperaba en la parada de autobús, llegó su padre y la llevó en coche.

1. Hauptgebrauch der verschiedenen Verbzeiten der Vergangenheit

Signalwörter	Pretérito perfecto
en mi vida, esta mañana, este mes / año, hoy, ya	Hoy he visto a Elena.

Das *pretérito perfecto* wird verwendet, wenn die Handlung der Vergangenheit einen Bezug zur Gegenwart aufweist.

Esta mañana le llamó.
He phoned her this morning.

Aber: In Hispanoamerika wird statt *perfecto* in der Regel *indefinido* verwendet.

Signalwörter	Pretérito imperfecto
antes, entonces, todos los días / años, todas las semanas	Antes vivía en EE.UU. y me bañaba todos los días en el océano. *(Hoy en día, vivo en Berlín).*

Das *pretérito imperfecto* wird verwendet für:
- Beschreibungen und
- sich wiederholende Handlungen in der Vergangenheit, oft im Vergleich zu einer anderen Handlung.

Signalwörter	Pretérito indefinido
ayer, el año pasado, la semana pasada, en 2011	En 2011 terminé el instituto. Ayer cené bastante tarde.

Man verwendet das *pretérito indefinido* zum Ausdruck abgeschlossener Handlungen und Ereignisse.

Pretérito pluscuamperfecto
Cuando mi amiga Elena llegó a casa, yo ya había desayunado.

Das *pretérito pluscuamperfecto* drückt die Vorvergangenheit aus, d.h. ein Ereignis, das vor einem anderen Zeitpunkt in der Vergangenheit stattgefunden hat.

2. Abgrenzung des *pretérito imperfecto* zum *pretérito indefinido*

Entré en la tienda, pagué y me marché.

Vi la peli, pero no me gustó.

Das *pretérito indefinido* wird verwendet für:
- aufeinanderfolgende Handlungen und
- Handlungen, die eine Ursache und ihre Folge ausdrücken.

Mientras Marcos pelaba patatas escuchaba la radio.

Mientras Marcos pelaba patatas llamaron a la puerta.

Das *pretérito imperfecto* wird für Handlungen mit gleicher Dauer verwendet. Will der Sprecher betonen, dass eine Handlung länger dauert als die andere, verwendet er *pretérito indefinido* für die neu einsetzende Handlung.

Estaba esperando delante del instituto. Era una tarde triste en la que llovía mucho. A las cinco llegó mi novio, me dio un beso y la tarde cambió.

Das *pretérito imperfecto* bildet den Hintergrund der Erzählung, das *indefinido* die Handlung.

Los tiempos para expresar el futuro

Futur I	Llegaré a Lima mañana por la noche.
Futur II	Cuando te llame, ya habré visitado la Plaza Mayor.
ir a + infinitivo	Después voy a visitar el centro histórico.

§ 15.10 Zukunft: Futur I El futuro simple

—¿Estudiarás el próximo año en Estados Unidos?
—Lo sabré mañana, porque mañana llega la respuesta de la universidad.

1. Regelmäßige Verben

	trabajar	**vender**	**abrir**
(yo)	trabajaré	venderé	abriré
(tú)	trabajarás	venderás	abrirás
(él, ella / usted)	trabajará	venderá	abrirá
(nosotros, -as)	trabajaremos	venderemos	abriremos
(vosotros, -as)	trabajaréis	venderéis	abriréis
(ellos, -as / ustedes)	trabajarán	venderán	abrirán

Um das Futur I zu bilden, werden bei allen Verbgruppen dieselben Endungen an den Infinitiv gehängt. Das [r] gilt als Zukunftszeichen.

2. Unregelmäßige Verben

	Futur I		**Futur I**
caber	cabré, cabrás…	**querer**	querré, querrás…
decir	diré, dirás…	**saber**	sabré, sabrás…
haber	habré, habrás…	**salir**	saldré, saldrás…
hacer	haré, harás…	**tener**	tendré, tendrás…
poder	podré, podrás…	**valer**	valdré, valdrás…
poner	pondré, pondrás…	**venir**	vendré, vendrás…

Die Endungen sind dieselben wie bei den regelmäßigen Verben, nur der Stamm ist unregelmäßig. Auch hier findet sich überall das [r].

3. Gebrauch

Das Futur I wird hauptsächlich verwendet:

- um die Zukunft auszudrücken,

En verano repartiré publicidad.
Im Sommer werde ich Werbung austeilen.

- um Vermutungen zu äußern, die sich auf die Gegenwart beziehen und

¿Encontrará pronto trabajo?
Ob er bald Arbeit findet? / Wird er bald Arbeit finden?

- für Ge- bzw. Verbote.

El mandamiento dice: «No matarás».
Das Gebot lautet: „Du sollst nicht töten".

§ 15.11 Zukunft: Futur II El futuro compuesto

—Cuando llegue el verano, ya habré aprendido a nadar.

1. Bildung

	Futur I von *haber* + Partizip	
(yo)	habré	
(tú)	habrás	
(él, ella / usted)	habrá	cambiado
(nosotros, -as)	habremos	bebido
(vosotros, -as)	habréis	traducido
(ellos, -as / ustedes)	habrán	

Das Futur II bildet man mit dem konjugierten Futur I von *haber* und dem unveränderlichen Partizip des Verbs.

➔ Für die unregelmäßigen Partizipien siehe § 15.5.2 sowie § 19.2.1.

2. Gebrauch

Mañana ya habré terminado el trabajo.
Demain, j'aurai déjà terminé le travail.
Morgen werde ich die Arbeit schon abgeschlossen haben.

—¿Dónde está Alicia? —No habrá encontrado el camino a tu casa.
„Wo ist Alicia?" „Vermutlich hat sie den Weg zu dir nicht gefunden."

Das Futur II wird hauptsächlich verwendet:
- für Handlungen, die in der Zukunft abgeschlossen sein werden und
- um Vermutungen auszudrücken, die sich auf die Vergangenheit beziehen, jedoch Auswirkungen auf die Gegenwart haben.

§ 15.12 Ir a + infinitivo

La tortuga gigante va a vivir más de 100 años.

El año que viene vamos a pasar nuestras vacaciones en las Islas Galápagos.

L'année prochaine, nous allons passer nos vacances sur les îles Galápagos.

Nächstes Jahr werden wir unseren Urlaub auf den Galapagosinseln verbringen.

Next year we are going to spend our holidays in Galapagos Islands.

	Präsens von *ir* + *a* + Infinitiv		
(yo)	voy		hablar
(tú)	vas		escribir
(él, ella / usted)	va	a	salir
(nosotros, -as)	vamos		estudiar
(vosotros, -as)	vais		levantaros
(ellos, -as / ustedes)	van		lavar

Mit *ir a* + Infinitiv spricht man über Absichten und Pläne in der Zukunft. Im Französischen verwendet man hierzu *aller*, allerdings direkt mit dem Infinitiv: *je vais parler*, *tu vas écrire* usw.

[!] Bei *ir a* + Infinitiv kann das Pronomen vor- oder nachgestellt werden:
Mañana no nos vamos a levantar temprano. = *Mañana no vamos a levantarnos temprano.*

Para evitar errores . . .

1. **Manche Verben werden nur in der 3. Person verwendet:**

   ¿Llueve o nieva? — Regnet oder schneit es?
   Me place / gusta mucho verla a usted. — Es ist mir ein Vergnügen, Sie zu sehen.

2. **Einsilbige Verbformen schreibt man ohne Akzent, es sei denn, man will sie von einem anderen Wort unterscheiden:**

   Vi a Juan y hui de la habitación.
   Aber: Yo sé que él es de Madrid. — Esto se dice así.

   Denken Sie auch an Formen wie *tomo* (1. Person Sg. *presente*) und *tomó* (3. Pers. Sg. *indefinido*)!

3. **Partizipien sind – anders als im Französischen – nur im Passiv veränderlich, nicht aber im Aktiv:**

   Inés fue invitada a la fiesta. (Passiv mit *ser*) — Inés a été invitée à la fête.
   Los amigos les habían invitado. (Aktiv mit *haber*) — Les amis les avaient invités.

4. **Achten Sie auf den Akzent, wenn sie das Partizip schreiben:**

   construir – construido — huir – huido — influir – influido
   Aber: caer – caído — creer – creído — leer – leído

5. **Vorsicht bei der Bildung zusammengesetzter Zeiten: Im Spanischen wird ausschließlich das Hilfsverb *haber* verwendet. Im Französischen werden *être* oder *avoir*, im Deutschen *sein* oder *haben* verwendet:**

   he venido — **ha sido** — **han nacido**
   Aber: je suis venu(e) — il / elle a été — ils sont nés / elles sont nées
   ich bin gekommen — er / sie ist gewesen — sie sind geboren

6. **Im Spanischen entfällt – anders als im Französischen – die Genus- und Pluralangleichung des Partizips sowie die Angleichung an das vorausgehende Akkusativobjekt:**

   (Ella) ha llegado. — Elle est arrivée.
   (Ellos) han vuelto. — Ils sont rentrés.
   La he encontrado en el cajón. — (Voilà ta clé,) je l'ai trouvée dans le tiroir.

7. **Die Aussagekraft des *pretérito imperfecto* (frz. *imparfait*) für „Andauer" bzw. „Wiederholung" muss auf Deutsch und Englisch anders ausgedrückt werden:**

   Entonces pagaba al contado.
   A cette époque, je payais comptant.
   Damals zahlte ich immer bar.
   In those days, I usually paied cash. / In those days, I used to pay cash.

8. **Das *pretérito indefinido* ist auch mündliche Erzähl-Vergangenheit:**

   —¿Sabes lo que pasó? Ella volvió tarde y . . . = indefinido
   « Tu sais ce qui s'est passé ? Elle est rentrée très tard et puis . . . = passé composé
   „Weißt du, was passiert ist? Sie ist sehr spät heimgekommen und . . ." = Perfekt
   "Do you know what happened? She returned very late and . . ." = past tense

9. **Bei neu einsetzenden Ereignissen bekommt das *pretérito indefinido* gegenüber dem *pretérito imperfecto* eine eigene Note:**

   Aún no sabía dónde ella vivía. Hace poco supe su dirección.
   Je ne savais pas encore où elle habitait. J'ai su son adresse il y a peu de temps.
   Ich wusste noch nicht, wo sie wohnte. Vor Kurzem erfuhr ich ihre Adresse.

   ¿Por qué tuviste miedo? Antes nunca tenías tanto miedo.
   Warum hast du Angst bekommen? Vorher hattest du nie so viel Angst.

Das *condicional* El condicional

Das *condicional* drückt eine Bedingung oder einen Sachverhalt aus, der eintreffen kann (z. B. ein erfüllbarer Wunsch) oder der nicht eintreffen kann.
Man unterscheidet grundsätzlich zwischen Potentialis (kann sein / eintreffen) und Irrealis (kann nicht sein / nicht eintreffen). Oft steht das *condicional* – wie im Deutschen, Französischen oder Englischen – auch zum Ausdruck der Höflichkeit.

Estaría bien ir algún año a Londres. Entonces podría ver el palacio real de Buckingham, la Torre de Londres y la línea Piccadilly.

§ 16.1 El condicional simple

—¿Te gustaría ir conmigo al cine?
„Würdest du gerne mit mir ins Kino gehen?"

—Sí, deberíamos ir. Ponen una peli muy buena.
„Ja, das sollten wir tun. Die zeigen einen tollen Streifen."

1. Regelmäßige Verben

	amar	vender	abrir
(yo)	amaría	vendería	abriría
(tú)	amarías	venderías	abrirías
(él, ella / usted)	amaría	vendería	abriría
(nosotros, -as)	amaríamos	venderíamos	abriríamos
(vosotros, -as)	amaríais	venderíais	abriríais
(ellos, -as / ustedes)	amarían	venderían	abrirían

Um das *condicional simple* zu bilden, werden bei allen Verbgruppen die Endungen des *pretérito imperfecto* der Verben auf *-er / -ir* an den Infinitiv gehängt.

Auch im Französischen sind die Endungen des *conditionnel* mit denen des *imparfait* identisch:
vivre: je vivais (imparfait) – je vivrais (conditionnel).

2. Unregelmäßige Verben

Infinitiv	Condicional simple	Infinitiv	Condicional simple
caber	cabría, cabrías…	querer	querría, querrías…
decir	diría, dirías…	saber	sabría, sabrías…
haber	habría, habrías…	salir	saldría, saldrías…
hacer	haría, harías…	tener	tendría, tendrías…
poder	podría, podrías…	valer	valdría, valdrías…
poner	pondría, pondrías…	venir	vendría, vendrías…

Der Stamm entspricht dem Stamm des Futur I. Die Endungen sind dieselben wie bei den regelmäßigen Verben.

3. Gebrauch

Das *condicional simple* wird – wie das *conditional* im Englischen und das *conditionnel* im Französischen – verwendet um:

Podríamos ir juntos al cine.
Wir könnten zusammen ins Kino gehen.

- Möglichkeiten auszudrücken,

En verano podrías ir a Colombia.
Im Sommer könntest du nach Kolumbien fliegen.

- Vorschläge zu machen,

Deberías dormir más.
Du solltest mehr schlafen.

- Ratschläge zu erteilen,

Perdón, ¿sabría indicarme el camino?
Entschuldigung, könnten Sie mir den Weg zeigen?

- höfliche Bitten zu formulieren,

Me gustaría aprender español.
Ich würde gerne Spanisch lernen.

- Wünsche zu äußern und

Serían las cinco cuando llegaron.
Es war etwa fünf Uhr, als sie kamen.

- Vermutungen in der Vergangenheit zu schildern.

Querría / Quisiera un vaso de agua, por favor.
Ich möchte bitte ein Glas Wasser.

Bei *querer* kann man auch das *pretérito imperfecto de subjuntivo* verwenden, um eine höfliche Bitte zu äußern.

En el pronóstico anunciaron que hoy haría sol.
A la météo, on a annoncé qu'il ferait du soleil aujourd'hui.
Im Wetterbericht wurde gesagt, heute werde / würde die Sonne scheinen.
The weather forecast said the sun would / was going to shine today.

Me habías prometido que vendrías al día siguiente.
Tu m'avais promis que tu viendrais le lendemain.
Du hattest mir versprochen, du würdest tags darauf kommen.
You promised me you would / were going to come the next day.

Pepe ha dicho que se quedaría todavía un rato.
Pepe a dit qu'il resterait encore un peu.
Pepe hat gesagt, dass er noch ein bisschen bleiben werde / würde.
Pepe told us he would stay still for a while.

Neben der Modus-Funktion hat das *condicional* auch eine rein temporale Bedeutung:
Es beschreibt – wie im Französischen – die Zukunft von der Vergangenheit aus gesehen.
Im Französischen spricht man auch vom *futur du passé*.
Dagegen bleibt bei der Übersetzung eines temporalen Konditionals die Zeitenfolge im Deutschen unberührt, d. h. wie vom Präsens aus (werde / würde).
Im Englischen verwendet man das sogenannte *future in the past*.

Ya sabíamos de antemano que ibas a consentir.
Nous savions à l'avance que tu serais d'accord.
Wir wussten schon im Voraus, dass du einverstanden sein würdest.

Parallel dazu dient die Konstruktion *ir a* + Infinitiv im *pretérito imperfecto* zur Bildung einer „nahen Zukunft" in der Vergangenheit.

→ Für den Gebrauch des *condicional simple* in den Bedingungssätzen siehe § 17.7.4 und in der indirekten Rede siehe auch § 22.3.

§ 16.2 El condicional compuesto

1. Bildung

	Condicional simple von *haber* + Partizip	
(yo)	habría	cambiado
(tú)	habrías	bebido
(él, ella / usted)	habría	traducido
(nosotros, -as)	habríamos	hecho
(vosotros, -as)	habríais	abierto
(ellos, -as / ustedes)	habrían	

Das *condicional compuesto* drückt den Irrealis aus, oft eine „verpasste Gelegenheit".
Man bildet es mit dem konjugierten *condicional simple* von *haber* und dem Partizip Perfekt, das nicht verändert wird.

→ Für die unregelmäßigen Partizipien siehe § 15.5.2.

2. Gebrauch

Das *condicional compuesto* beschreibt nicht eingetroffene Sachverhalte und Handlungen.
Es wird verwendet für:

Con más dinero habría podido comprar la moto.
Mit mehr Geld hätte ich das Motorrad kaufen können.

- nicht eingetretene Ereignisse,

Habrías tenido que decirlo cuando te preguntó.
Du hättest es sagen müssen, als er / sie dich fragte.

- Ratschläge mit Bezug auf die Vergangenheit,

Me habría gustado hablar con Julia personalmente.
Ich hätte gerne persönlich mit Julia gesprochen.

- unerfüllte Wünsche und

Cuando llegaste, ya se habría ido de la fiesta.
Als du kamst, hatte er / sie die Party (wohl) schon verlassen.

- Vermutungen, die sich auf die Vorvergangenheit beziehen.

→ Für den Gebrauch des *condicional compuesto* in den Bedingungssätzen siehe § 17.7.4.

Para evitar errores ...

1. **Achten Sie auf den Unterschied zwischen *querría* und *quería*:**

   Querría un vaso de agua. (= condicional) — Ich möchte ein Glas Wasser.
   Quería un vaso de agua. (= imperfecto) — Ich wollte ein Glas Wasser.

2. **Das *condicional* erfüllt neben der modalen Funktion auch eine rein temporale: Es drückt die Zukunft aus der Sicht der Vergangenheit aus:**

   No sabíamos qué tiempo haría el día siguiente, si haría sol o si iba a llover.
   Wir wussten nicht, was für ein Wetter es tags darauf geben würde, ob die Sonne scheinen oder ob es regnen würde.

Der *subjuntivo* El subjuntivo

Bailando flamenco en la calle

Das Spanische verfügt – wie alle anderen romanischen Sprachen –über den Modus *subjuntivo*.
Dieser wird vor allem verwendet, um Vermutungen, Wünsche, Wertungen und Skepsis auszudrücken:

Quizá el origen del flamenco sea árabe.

El subjuntivo: sus tiempos

Presente de subjuntivo	No creo que mi novio sepa bailar tango.
Pretérito perfecto de subjuntivo	No creo que mi novio haya bailado flamenco en la fiesta de ayer.
Pretérito imperfecto de subjuntivo	Ojalá supiera bailar flamenco.
Pretérito pluscuamperfecto de subjuntivo	Ojalá hubiera aprendido a bailar flamenco cuando era niña.

§ 17.1 El presente de subjuntivo

—Espero que sepan bailar tango.
—Yo no creo que bailen hoy.

1. Regelmäßige Verben

	tomar (yo tomo)	**correr (yo corro)**	**existir (yo existo)**
(yo)	tome	corra	exista
(tú)	tomes	corras	existas
(él, ella / usted)	tome	corra	exista
(nosotros, -as)	tomemos	corramos	existamos
(vosotros, -as)	toméis	corráis	existáis
(ellos, -as / ustedes)	tomen	corran	existan

Der Stamm des *presente de subjuntivo* leitet sich von der 1. Person Singular Präsens des Indikativs (ohne *-o*) ab.
Die Verben auf *-er* und *-ir* haben dieselben Endungen.

2. Änderungen in der Schreibweise

Infinitiv	**Presente de subjuntivo**
elegir	elija, elijas…
enviar	envíe, envíes…
pagar	pague, pagues…
reunir	reúna, reúnas…
sacar	saque, saques…
utilizar	utilice, utilices…

Um zu signalisieren, dass die Aussprache erhalten bleibt, wird die Schreibweise „angepasst". Dies gilt für die regelmäßigen und für die unregelmäßigen Verben, z. B. solche mit Vokaländerung:
corregir: corrija, corrijas…
empezar: empiece, empieces…

→ Weitere Verben mit veränderter Schreibweise finden Sie unter § 15.1.2.

3. Unregelmäßige Verben

Infinitiv	1. Pers. Sg. Präs. Ind.	Presente de subjuntivo
agradecer conocer traducir	agradezco conozco traduzco	agradezca, agradezcas… conozca, conozcas… traduzca, traduzcas…
construir influir	construyo influyo	construya, construyas… influya, influyas…
hacer oír poner salir traer venir	hago oigo pongo salgo traigo vengo	haga, hagas… oiga, oigas… ponga, pongas… salga, salgas… traiga, traigas… vengas, venga…

Auch die unregelmäßigen Verben leiten den *subjuntivo* von der 1. Person Singular Präsens Indikativ ab.

4. Gruppenverben mit Diphthongierung im *presente de subjuntivo*

	e → ie	o → ue
(yo)	piense	vuelva
(tú)	pienses	vuelvas
(él, ella / usted)	piense	vuelva
(nosotros, -as)	pensemos	volvamos
(vosotros, -as)	penséis	volváis
(ellos, -as / ustedes)	piensen	vuelvan

Die Verben auf *-ar* und *-er* mit Vokaländerung im Indikativ Präsens behalten diese im *subjuntivo* bei.
e → ie: *atravesar, cerrar, comenzar, despertar, empezar, entender, negar, perder, querer, recomendar, sentarse…*
o → ue: *acordarse, acostarse, colgar, contar, costar, encontrar, mostrar, mover, llover, poder, (com)probar, recordar, volar, (re)volver…*

	e → ie / i	o → ue / u
(yo)	prefiera	duerma
(tú)	prefieras	duermas
(él, ella / usted)	prefiera	duerma
(nosotros, -as)	prefiramos	durmamos
(vosotros, -as)	prefiráis	durmáis
(ellos, -as / ustedes)	prefieran	duerman

Bei den Verben auf *-ir* mit Vokaländerung im Indikativ Präsens stimmt der Vokal der 1. und 2. Person Plural nicht mit dem Vokal im Infinitiv überein.
e → ie / i: *advertir, divertirse, mentir, repetir, sentir, servir, vestir…*
o → ue / u: *morir*

[!] Die Verben auf *-ir* mit Vokalwechsel e → i im Indikativ Präsens ändern ihren Stamm im *subjuntivo* nicht:
seguir; sigo (1. Pers. Sg. Präs. Ind.) → *siga, sigas, siga, sigamos, sigáis, sigan.*

5. Verben mit unregelmäßigem Stamm im *presente de subjuntivo*

dar	estar	haber	ir	saber	ser
dé	esté	haya	vaya	sepa	sea
des	estés	hayas	vayas	sepas	seas
dé	esté	haya	vaya	sepa	sea
demos	estemos	hayamos	vayamos	sepamos	seamos
deis	estéis	hayáis	vayáis	sepáis	seáis
den	estén	hayan	vayan	sepan	sean

§ 17.2 El pretérito perfecto de subjuntivo

—Espero que ya hayan aprendido a bailar tango.
—No creo que hayan bailado todavía. A lo mejor podemos verlos.

	Presente de subjuntivo von *haber* + Partizip	
(yo)	haya	hablado
(tú)	hayas	comido
(él, ella / usted)	haya	salido
(nosotros, -as)	hayamos	hecho
(vosotros, -as)	hayáis	
(ellos, -as / ustedes)	hayan	
	que j'aie	parlé
	que tu aies…	
	que je sois…	sorti(e)
	que nous soyons…	sorti(e)s

Das *pretérito perfecto de subjuntivo* wird mit dem *presente de subjuntivo* des Hilfsverbs *haber* und dem Partizip Perfekt gebildet.

Dagegen wird der *subjonctif passé* mit der *subjonctif-présent*-Form der beiden Hilfsverben *avoir / être* und dem (in Verbindung mit être veränderlichen!) *participe passé* des Verbs gebildet.

➔ Für die Bildung der unregelmäßigen Partizipien siehe § 15.5.2 sowie § 19.2.1.

§ 17.3 El pretérito imperfecto de subjuntivo

—Esperaba que bailaran tango juntos.
—No sabía que supieran bailar tan bien.

	tomar	comer	vivir
(yo)	tomara	comiera	viviera
(tú)	tomaras	comieras	vivieras
(él, ella / usted)	tomara	comiera	viviera
(nosotros, -as)	tomáramos	comiéramos	viviéramos
(vosotros, -as)	tomarais	comierais	vivierais
(ellos, -as / ustedes)	tomaran	comieran	vivieran

Die Endungen des *pretérito imperfecto de subjuntivo* sind bei allen Verben gleich.

	tomar	comer	vivir
(yo)	tomase	comiese	viviese
(tú)	tomases	comieses	vivieses
(él, ella / usted)	tomase	comiese	viviese
(nosotros, -as)	tomásemos	comiésemos	viviésemos
(vosotros, -as)	tomaseis	comieseis	vivieseis
(ellos, -as / ustedes)	tomasen	comiesen	viviesen

Zusätzlich zu den Endungen auf *-ra* gibt es andere auf *-se*.

	3. Person Plural Pret. indefinido	Imperfecto de subjuntivo
abrir	abrieron	abriera, abrieras…
conducir	condujeron	condujera, condujeras…
estar	estuvieron	estuviera, estuvieras…
pedir	pidieron	pidiera, pidieras…
querer	quisieron	quisiera, quisieras…
ser	fueron	fuera, fueras…

Der Stamm des *pretérito imperfecto de subjuntivo* leitet sich von der 3. Person Plural des *pretérito indefinido* ab.

§ 17.4 El pretérito pluscuamperfecto de subjuntivo

—Esperaba que hubieran aprendido a bailar tango.

	Imperfecto de subjuntivo von *haber* + Partizip	
(yo)	hubiera / hubiese	hablado
(tú)	hubieras / hubieses	comido
(él, ella / usted)	hubiera / hubiese	salido
(nosotros, -as)	hubiéramos / hubiésemos	hecho
(vosotros, -as)	hubierais / hubieseis	
(ellos, -as / ustedes)	hubieran / hubiesen	

Das *pretérito pluscuamperfecto de subjuntivo* wird mit dem *imperfecto de subjuntivo* des Hilfsverbs *haber* und dem Partizip Perfekt gebildet.

§ 17.5 Der *subjuntivo* im Hauptsatz El subjuntivo en la frase principal

1. Der *subjuntivo* als Ausdruck des Wünschens

¡Que lo pases bien! = (Espero) que lo pases bien.
Viel Spaß!

¡Que descanséis! = (Deseo) que descanséis.
Ruht euch aus!

Ojalá pueda bailar salsa el viernes.
Hoffentlich kann er / sie am Freitag Salsa tanzen.

Der *subjuntivo* wird in Sätzen mit *que* und *ojalá* verwendet, um einen Wunsch zu äußern. Tatsächlich handelt es sich bei der *que*-Konstruktion um Nebensätze, ohne dass der Hauptsatz ausgesprochen wird. Auch im Französischen löst das vorausgestellte *que* den *subjonctif* aus: *Qu'il s'en aille*.

¡Viva España!
Vive la République !
Es lebe die Freiheit!
Long live the Queen!
Vivat!

Den formelhaften Wunsch-Konjunktiv mit *viva(n)* gibt es auch im Französischen, Deutschen, Englischen und Lateinischen.

Ojalá yo fuera el rey de España.
Ich wünschte, ich wäre der König von Spanien.

Ojalá hubieras podido bailar conmigo.
Ich wünschte, du hättest mit mir tanzen können.

Der *imperfecto de subjuntivo* wird verwendet, wenn der Sprecher die Erfüllung des Wunsches als unwahrscheinlich betrachtet. Bezieht sich der Wunsch auf die Vergangenheit, wird *pluscuamperfecto de subjuntivo* verwendet.

2. Der *subjuntivo* nach Adverbien der Vermutung und des Zweifelns

Adverbien	Indikativ oder *subjuntivo*
acaso	Acaso va / vaya también a la fiesta.
quizá(s)	Quizá viene / venga a la ópera.
tal vez	Tal vez llueve / llueva mañana.
posiblemente	Posiblemente el concierto es / sea muy malo.
probablemente	Probablemente vamos / vayamos al teatro.

Einige Adverbien können mit Indikativ oder *subjuntivo* stehen: Gilt eine Aussage als wahrscheinlich, verwendet man den Indikativ. Gilt sie hingegen als zweifelhaft, benutzt man den *subjuntivo*.

Posiblemente el concierto fuera / haya sido muy malo.	Bezieht sich die als unwahrscheinlich erachtete Aussage auf etwas Vergangenes, verwendet man *imperfecto* oder *perfecto de subjuntivo*.

Adverbien	Indikativ
a lo mejor igual lo mismo	A lo mejor voy al cine. Igual mañana vamos al zoo. Lo mismo Carlos quiere acompañarnos.

Diese Adverbien verwendet man ausschließlich mit dem Indikativ.

§ 17.6 Der *subjuntivo* in substantivischen Nebensätzen
El subjuntivo en las subordinadas de sustantivo

Hauptsatz	Substantivischer Nebensatz mit Subjektfunktion
Me gusta la música. J'aime la musique.	**Me gusta que vengas.** J'aimerais que tu viennes.
Hauptsatz	**Substantivischer Nebensatz mit Objektfunktion**
Quiero un helado. Je voudrais une glace.	**Quiero que me ayudes.** Je voudrais que tu m'aides.

In substantivischen Nebensätzen kann der Nebensatz Subjekt oder Objekt des Hauptsatzes sein. Sie werden mit *que* (= dass) eingeleitet.

1. Indikativ versus *subjuntivo* in substantivischen Nebensätzen

Substantivische Nebensätze mit Indikativ
Estoy convencida de que ella es gallega. Me parece que he estado ya tres veces en Múnich.

Der Gebrauch der substantivischen Nebensätze mit Indikativ bildet die Ausnahme, und zwar nach:
- Ausdrücken der Sicherheit *(saber, estar seguro, ser cierto…)* und
- Ausdrücken der Meinung bzw. Wahrnehmung, wenn sie bejaht sind *(pensar, decir, creer, notar, sentir…)*.

Substantivische Nebensätze mit *subjuntivo*	
Me parece muy mal que poca gente hable gallego. (= Urteil) **Aber:** Me parece que poca gente habla gallego. (= Meinung, s. o.) Es importante que hayas traído bebidas. (= unpers. Ausdruck) **Aber:** Es cierto que has traído bebidas. (= Ausdruck der Sicherheit, s. o.) No soporto que los profesores me hablen en voz alta. En este partido dudo que el otro equipo fuera mejor. No digo que jueguen mal, pero no me han convencido. Les obligué a que me ayudaran. La nueva situación en la oficina provocó que Pedro tuviera que cambiar de trabajo.	Der *subjuntivo* wird verwendet nach: • Ausdrücken des Urteilens (*parecer bien, raro, mal…*), • unpersönlichen Ausdrücken, die sich mit einer gewissen Unsicherheit verbinden (etwa nach: *estar previsto, ser triste, ser una lástima…*), • Ausdrücken des Empfindens (*alegrarse de, tener miedo de…*), • Ausdrücken des Zweifelns (*no estar seguro de, ser posible…*), • Ausdrücken der verneinten Meinung und Wahrnehmung (*no creer, no pensar, no notar, no ver…*), • Ausdrücken der Willensäußerung (*querer, pedir, recomendar…*) und • Verben wie *hacer, causar*.
¡Que te diviertas! = (Quiero) que te diviertas. ¡Que te guste la peli! = (Espero) que te guste la peli.	Bei manchen Wendungen, die Wünsche oder Hoffnungen ausdrücken, entfällt das einleitende Verb (vgl. § 17.5.1).

[!] Man verwendet den *subjuntivo* nur in den o. g. Nebensätzen, die mit (Präposition +) *que* eingeleitet werden:
Estoy triste de que no me quiera. ⟷ Estoy triste porque no me quiere.
No creo que esté haciendo nada. ⟷ No sé qué está haciendo.

2. Die Zeitenfolge bei der Verwendung des *subjuntivo*

Hauptsatz	Nebensatz	Beispiel
Imperativo	Presente de subjuntivo	**Déjale** que lo haga.
Presente **Perfecto** **Futuro**	Zeitgleich oder zukünftig: Presente de subjuntivo Vorzeitig: Perfecto o imperfecto de subjuntivo	**Quiero** que me llame por teléfono. No **creo** que me haya llamado / llamara ayer.
Indefinido **Imperfecto** **Pluscuamperfecto** **Condicional**	Zeitgleich oder zukünftig: Imperfecto de subjuntivo Vorzeitig: Pluscuamperfecto de subjuntivo	Ella **deseaba** que su marido llegara. Años después, **deseó** que no hubiera llegado nunca.

§ 17.7 Der Indikativ und der *subjuntivo* in adverbialen Nebensätzen
El indicativo y el subjuntivo en las subordinadas adverbiales

Mañana vamos a la sierra.
↓
Cuando llegue el sábado, vamos a la sierra.

Adverbiale Nebensätze haben die gleiche syntaktische Funktion wie ein Adverb. Sie können also die Zeit, die Art und Weise usw. zum Ausdruck bringen.

Übersicht über die adverbialen Nebensätze

	Subjuntivo	Indicativo
Finalsatz	Me lo dijo para que lo ayudara.	
Temporalsatz	Cuando salgas del trabajo, llámame.	Cuando salí, me llamó por teléfono.
Modalsatz	Lo harás como yo te diga.	Lo hice como me dijiste.
Bedingungssatz	Si vinieras, podríamos ir al cine.	Si vienes, podemos ir al cine.
Konzessivsatz	Aunque esté enferma, va al trabajo.	Aunque estaba enferma, fue al trabajo.
Kausalsatz		Compró el reloj porque quiso.
Konsekutivsatz		No fui y por eso se enfadó.

1. Finalsätze

—Te mandé el informe para que pudieras ver los resultados.

Finalsätze geben eine Absicht, ein Ziel oder einen Zweck an.

Konjunktion	Finalsatz mit *subjuntivo*
para que, con la intención de que, a fin de que, con el objeto de que...	**Ana le presta 60 euros a su hermana para que pueda comprarse un iPhone.** Ana prête 60 euros à sa sœur pour qu'elle puisse s'acheter un iphone.

In finalen Nebensätzen wird – wie im Französischen *(pour que / afin que)* – immer der *subjuntivo* verwendet.

Salimos temprano para llegar antes.
↑ (*nosotros*) ↑ (*nosotros*)

Haben Haupt- und Nebensatz das gleiche Subjekt (oder wird das Subjekt des Nebensatzes im Hauptsatz genannt) steht nach *para (= um... zu)* der Infinitiv.

María vino para que la ayudara.
María vino a que la ayudara.

Es ist auch möglich, den Finalsatz mit der Präposition *a* zu bilden, wenn das Verb mit *a* verwendet wird: *ir a, invitar a* usw.

2. Temporalsätze

—Lo haremos antes de que llegue mi novio.

Temporalsätze geben an, in welchem Zeitverhältnis der Nebensatz zum Hauptsatz steht.

Indikativ (Gegenwart, Vergangenheit)	**Subjuntivo (Zukunft)**
cuando (als) Cuando lo supe, me decidí.	**cuando (sobald)** Cuando lo sepa, me decidiré.
en cuanto (immer wenn) En cuanto llegan, empiezan a trabajar.	**en cuanto (sobald)** En cuanto lleguéis, empezad a trabajar.
mientras (während, solange) Mientras tengo trabajo, no quiero hacer unas prácticas.	**mientras (solange; *zukünftig*)** Mientras tenga trabajo, no voy a hacer unas prácticas.

Wenn sich das Verb auf etwas Zukünftiges bezieht, wird im temporalen Nebensatz der *subjuntivo* verwendet.
Im Hauptsatz steht dann *ir a + infinitivo*, das Futur oder der Imperativ.
Dagegen steht in französischen temporalen Nebensätzen Futur oder Präsens: *Dès que je le sais / saurai, je prends / prendrai la décision.*

Reserva el hotel antes de que sea demasiado tarde.
Réserve l'hôtel avant qu'il soit trop tard.

Anularon el vuelo después de que comprara mi billete.
Le vol a été annulé après que j'ai acheté mon ticket.

Nach *antes de que* steht immer der *subjuntivo*. Auch nach *después de que* empfehlen wir den *subjuntivo* (**aber:** frz. *après que* + Indikativ!).

3. Modalsätze

—Visitaremos Granada, de forma que puedas ver La Alhambra.
« Nous allons à Grenade pour que tu puisses voir l'Alhambra. »

Modalsätze geben an, wie bzw. auf welche Art und Weise etwas passiert.

Indikativ (Gegenwart, Vergangenheit)	**Subjuntivo (Zukunft)**
Lo hago como dices.	Lo haré como digas.
Abrió la puerta de forma que pude salir.	¡Abre la puerta de forma que pueda salir!

Wie bei den Temporalsätzen steht in modalen Nebensätzen der *subjuntivo*, wenn sich das Verb auf etwas Zukünftiges bezieht.

Explícamelo de modo que lo entienda. (= Modalsatz)
Explícamelo para que lo entienda. (= Finalsatz)

Oft drückt der Modalsatz im *subjuntivo* das Gleiche wie ein Finalsatz aus.

Me habla como si yo fuera tonta.
Il me parle comme si j'étais idiote.
Er spricht mit mir, als ob ich bekloppt / eine Idiotin wäre.

Die Konjunktion *como si* steht immer mit *imperfecto de subjuntivo* oder *pluscuamperfecto de subjuntivo.*

Llegó sin que yo me diera cuenta.
Elle arriva / est arrivée sans que je m'en sois rendu compte.

Die Konjunktion *sin que* verlangt immer den *subjuntivo.*

4. Bedingungssätze

Si Elena les hubiera acompañado,
habría visto la Mezquita de Córdoba.

Bedingungssätze (auch Konditionalsätze genannt) drücken aus, dass eine Handlung nur unter einer bestimmten Bedingung stattfindet. Die Bedingung wird mit *si* (wenn) eingeleitet. **Achtung:** Im Französischen steht im *si*-Satz nie ein *subjonctif*.

4.1 Reale Bedingungssätze

Reale Bedingungssätze im Indikativ

Si me necesitas, **puedes** llamarme.
Si me necesitas, ¿me **llamarás**?
Si me necesitas, **llámame**.

Erfüllbare (= reale) Bedingungen werden mit *si* (= *wenn*) eingeleitet und das Verb steht im Indikativ Präsens.
Das **Verb des Hauptsatzes** kann im Präsens, Futur oder Imperativ stehen.

Si vienes, vamos a la playa.
Si tu viens, nous irons à la plage.
Falls du kommst, gehen wir zum Strand.
If you come, we'll go to the beach.

Cuando vienes, vamos a la playa.
Chaque fois que tu viens, nous allons à la plage.
Immer, wenn du kommst, gehen wir zum Strand.
When you come, we go to the beach.

Cuando vengas, iremos a la playa.
Dès que tu viendras, nous irons à la plage.
Sobald du kommst, gehen wir zum Strand.
When (= as soon as) you come, we'll go to the beach.

Drückt der Satz einen zeitlichen Aspekt (und keine Bedingung) aus, steht *cuando*.
Bezieht sich die Aussage nach *cuando* auf die Zukunft, wird der *subjuntivo* verwendet (s. Punkt 2: Temporalsätze).

[!] Im *si*-Satz steht niemals Futur! Das gilt nicht für *si* (= ob): *No sé si vendrán o no.*

4.2 Irreale Bedingungssätze

Unerfüllbare (= irreale) oder nicht erfüllte Bedingungen werden mit *subjuntivo* gebildet.

Si tuviera mucho dinero, lo compraría.

↑ Bedingungssatz *(subjuntivo)*

↑ Hauptsatz *(condicional)*

Irreale Bedingungssätze der Gegenwart

Si fuera jefe del gobierno, haría una política mejor.

Si j'étais chef du gouvernement, je ferais une meilleure politique.

Wenn ich Regierungschef wäre, würde ich eine bessere Politik machen.

If I were the head of the government, I would do better politics.

Die irrealen Bedingungssätze der Gegenwart werden nach folgendem Schema gebildet:
Nebensatz: *si* + *imperfecto de subjuntivo*
Hauptsatz: *condicional simple*

	Französisch	Deutsch	Englisch
Nebensatz:	*si + imparfait*	*wenn + Konjunktiv II Prät. oder würde + Inf. Präs.*	*if + simple past*
Hauptsatz:	*conditionnel présent*	*Konjunktiv II Prät. oder würde + Inf. Präs.*	*conditional I*

Irreale Bedingungssätze der Vergangenheit

Si hubiera tenido ganas, habría / hubiera salido esta noche.

Si j'en avais eu envie, je serais sorti(e) ce soir.

Wenn ich Lust gehabt hätte, wäre ich heute Abend ausgegangen.

If I had wanted to would have gone out this evening.

Die irrealen Bedingungssätze der Vergangenheit werden nach folgendem Muster gebildet:
Nebensatz: *si* + *pluscuamperfecto de subjuntivo*
Hauptsatz: *condicional compuesto* *oder* *pluscuamperfecto de subjuntivo*

	Französisch	Deutsch	Englisch
Nebensatz:	*si + plus-que-parfait*	*wenn + Konjunktiv II Plusquamperfekt*	*if + past perfect*
Hauptsatz:	*conditionnel passé*	*Konjunktiv II Plusquamperfekt*	*conditional II*

Podría ir ahora al concierto si hubiese estudiado antes de la cena.

Je pourrais aller au concert maintenant si j'avais fait mes devoirs avant le dîner.

Ich könnte jetzt ins Konzert gehen, wenn ich vor dem Abendessen gelernt hätte.

Wie im Deutschen kann sich ein Teil des Satzes auf die Gegenwart, der andere auf die Vergangenheit beziehen. In diesem Fall werden die Verbzeiten kombiniert.

4.3 Reale und irreale Bedingungssätze mit anderen Konjunktionen als *si*

	Subjuntivo
a condición de que	Lo haría a condición de que tuviera tiempo.
(en) caso de que	En caso de que tuviera dinero, lo compraría.
como	Como no vengas a mi cumple, me enfado.
con (tal de) que	Te acompañaría con tal de que me llamaras.
siempre que	Te ayudo siempre que quieras.

Benutzt man andere Konjunktionen als *si*, wird sowohl für reale als auch für irreale Bedingungssätze der *subjuntivo* verwendet.

	Subjuntivo		
a no ser que **a menos que** **salvo que**	**Me quedo,**	**a no ser que** **a menos que** **salvo que**	**tú no quieras.**
	Ich bleibe,	es sei denn,	du willst es nicht.

Diese Konjunktionen werden ebenfalls mit dem *subjuntivo* verwendet. Sie drücken eine Einschränkung aus.

5. Konzessivsätze

Konzessivsätze geben eine Einschränkung an: Sie drücken einen Gegensatz bzw. Gegengrund zur Aussage des Hauptsatzes aus.
In konzessiven Nebensätzen steht der Indikativ, wenn der beschriebene Inhalt als bekannt oder sicher gilt. *Aunque* wird dann mit „obwohl" (frz. *bien que*, engl. *although*) übersetzt.
Demgegenüber verwendet der Sprecher den *subjuntivo*, wenn er sich nicht sicher ist, d. h. bei zukünftigen und (noch) unbekannten Sachverhalten. *Aunque* wird hier mit „selbst wenn" (frz. *même si*, engl. *even if*) übersetzt.

—Aunque llueva, pasaremos el fin de semana en Cádiz.

Indicativo	Subjuntivo
Aunque llueve, tienes que venir. Bien qu'il pleuve, tu dois venir. Obwohl es regnet, musst du kommen. Although it is raining, you've got to come. *(= Der Sprecher sieht aus dem Fenster und weiß, dass es gerade regnet, möchte aber, dass sein Besuch trotzdem kommt und sagt das am Telefon.)*	**Aunque llueva, tienes que venir.** Même s'il pleut, tu dois venir. Selbst wenn es regnen sollte, musst du kommen. Even if it rains, you must come. *(= Der Sprecher weiß nicht, ob es regnen wird oder nicht, möchte aber, dass sein Besuch auf jeden Fall kommt und sagt das am Telefon.)*

[!] Im Französischen vehalten sich die Modi genau umgekehrt wie im Spanischen!

Presente de subjuntivo

Aunque ganemos el partido, no subiremos.
Selbst wenn wir das Spiel gewinnen, steigen wir nicht auf.

Presente de subjuntivo wird verwendet, wenn etwas Zukünftiges für prinzipiell zwar möglich, jedoch eher unwahrscheinlich gehalten wird.

Imperfecto de subjuntivo

Aunque ganáramos el partido, no subiríamos.
Selbst wenn wir das Spiel gewönnen / gewinnen würden, würden wir nicht aufsteigen.

Imperfecto de subjuntivo wird verwendet, wenn etwas für äußerst unwahrscheinlich gehalten wird oder gar unmöglich ist.
Im Hauptsatz steht dann – wie bei den irrealen Bedingungssätzen (s. Punkt 4.2) – das *condicional simple*.

Pluscuamperfecto de subjuntivo

Aunque hubiéramos ganado el partido, no habríamos subido / hubiéramos subido.
Selbst wenn wir das Spiel gewonnen hätten, wären wir nicht aufgestiegen.

Pluscuamperfecto de subjuntivo bezieht sich auf etwas Vergangenes, das nicht stattgefunden hat.
Im Hauptsatz steht dann – wie bei den irrealen Bedingungssätzen der Vergangenheit (s. Punkt 4.2) – *condicional compuesto* oder *pluscuamperfecto de subjuntivo*.

Si bien lo quiero, no me casaré con él.
A pesar de que lo quiero, no me casaré con él.

Weitere konzessive Konjunktionen sind *si bien* (nur mit Indikativ) oder *a pesar de que* (meist mit Indikativ).

6. Kausal- und Konsekutivsätze

Kausalsätze geben einen Grund oder eine Ursache an. Konsekutivsätze geben die Folge an, die die Handlung des Hauptsatzes mit sich bringt.

—No quiero estudiar porque estoy cansado.

—Estoy cansado y por eso no estudio.

	Nur Indikativ
como **dado que** **porque** **puesto que** **ya que**	**No iré a México porque no quiero.** Je n'irai pas au Mexique parce que je ne veux pas.

In kausalen Nebensätzen wird – wie im Französischen auch – der Indikativ verwendet.

[!] Achten Sie bei den Kausalkonjunktionen auf ihre Stellung im Satz:

Konjunktion	Vor dem Hauptsatz	Nach dem Hauptsatz
porque		**Me voy porque me aburro.** Je m'en vais parce que je m'ennuie.
como	**Como me aburro, me voy.** Comme je m'ennuie, je m'en vais.	
dado que **pues que** **puesto que** **visto que** **ya que**	Dado que me aburro, me voy.	Me voy dado que me aburro.

	Nur Indikativ
en consecuencia **por consiguiente** **por eso** **por lo tanto** **tan... que**	**Me pidió dinero y por eso le di cien euros.** Il m'a demandé de l'argent, alors / c'est pourquoi je lui ai donné cent euros.

Auch konsekutive Nebensätze werden mit dem Indikativ gebildet.

No me quedo en casa porque esté cansado, sino porque estoy esperando una llamada.
Je ne reste pas à la maison parce que je suis malade, mais parce que j'attends un appel.
Ich bleibe nicht zu Hause, weil ich krank bin, sondern weil ich einen Anruf erwarte.

In seltenen Fällen ist der *subjuntivo* bei Sätzen möglich, die zuerst den falschen Grund verneinen, dann aber den richtigen angeben (im Deutschen *beziehungsweise* oder *sondern*).

§ 17.8 Der *subjuntivo* in Relativsätzen El subjuntivo en las subordinadas de relativo

Para el verano busco un lugar que sea tranquilo.
Pour l'été, je cherche un lieu qui soit tranquille.

La casa que está allí parece tranquila.
La maison qui est là-bas paraît tranquille.

Relativsätze beziehen sich in der Regel auf ein Nomen (das sogenannte Bezugswort).
Im Spanischen können Relativsätze mit dem *subjuntivo* oder mit dem Indikativ gebildet werden. Das erste Beispiel drückt einen Wunsch aus (ein stiller Ort); das zweite Beispiel eine Tatsache.

→ Für die Verwendung der Relativpronomen *que, el cual, quien* usw. siehe Kapitel 9.

Subjuntivo

Querría tener un novio que hablara español.
Elle aimerait avoir un fiancé qui sache parler espagnol.

Busco un trabajo donde no se necesite una carrera.

In Relativsätzen verwendet man den *subjuntivo*, wenn das Bezugswort etwas Unbekanntes oder nicht Vorhandenes beschreibt.

Subjuntivo	Indicativo
Das Bezugswort ist unbekannt: **Busco a alguien que sepa inglés.** Je cherche quelqu'un qui sache parler anglais.	**Das Bezugswort ist bekannt:** **Conozco a un chico que sabe inglés.** Je connais un garçon qui sait parler anglais.
Das Bezugswort ist etwas nicht Vorhandenes: **Aquí no hay nadie que sea enfermero.** Ici, il n'y a personne qui soit secouriste.	**Das Bezugswort ist etwas Vorhandenes:** **Tengo un amigo que es enfermero.** J'ai un ami qui est secouriste.

Necesito una empleada que sea bilingüe.
J'ai besoin d'une collaboratrice qui soit bilingue.

No conozco a nadie que sea de Cádiz.
Je ne connais personne qui soit de Cádiz.

Der *subjuntivo* steht also in Relativsätzen:

- wenn im Hauptsatz ein Wunsch (*buscar, querer*) oder ein Bedürfnis (*necesitar*) ausgedrückt wird oder
- wenn der Hauptsatz durch Verneinung auf etwas nicht Vorhandenes verweist (*no conocer a nadie que, no ver a nadie que…*).

Para evitar errores...

1. **Verneinte Meinungsverben *(no creer que, no pensar que...)* werden bei Fragen und als Ausdruck der Verwunderung mit Indikativ anstatt mit *subjuntivo* verwendet:**

   ¿No crees que estoy muy guapa?
   Glaubst du nicht, ich sehe sehr hübsch aus?

   ¡No me digas que te has casado!
   Was du nicht sagst: du bist (jetzt) verheiratet!

2. **Vergessen Sie nicht, dass bei den substantivischen Nebensätzen vor dem *que* (anders als im Deutschen!) kein Komma steht:**

   Me gusta que me alaben, pero odio que me critiquen.
   Ich mag es, gelobt zu werden, aber ich hasse es, kritisiert zu werden.

3. **Für die Wahl des richtigen Modus ist es wichtig, zu unterscheiden, ob es sich um einen substantivischen Nebensatz oder einen Relativsatz handelt:**

   Substantivischer Nebensatz:
   No veo que el chico te guste tanto.
   Ich sehe nicht, dass dir der Junge so gut gefällt.

   Relativsatz:
   No veo al chico que te gusta tanto.
   Ich sehe den Jungen, der dir so gut gefällt, nicht.

4. **Im Deutschen erfordert die indirekte Rede den Konjunktiv. Im Spanischen steht – wie im Französischen oder Englischen – der Indikativ:**

   Ich habe gehört, dass Inés Tänzerin sei und einen Preis gewonnen habe.
   He oído que Inés es bailarina y que ha ganado un premio.
   J'ai entendu dire qu'Inés est danseuse et qu'elle a gagné un prix.
   I heard Inés is a dancer and has won an award.

5. **Der französische *subjonctif* kommt weitgehend parallel zum spanischen *subjuntivo* zur Anwendung, jedoch nicht immer:**

   Antes de que sepamos la noticia...
   Avant que nous (n') apprenions la nouvelle... (= subjonctif présent)

   Antes de que supiéramos la noticia...
   Avant que nous (n') ayons appris la nouvelle... (= subjonctif passé)

   Aunque llueve... (= obwohl)
   Bien qu'il pleuve... (= subjonctif présent)

   Aunque llueva... (= auch wenn...)
   Même s'il pleut... (= indicatif présent)

   Quizá llueva.
   Il va pleuvoir peut-être. (= indicatif futur composé)

   Espero que estéis de acuerdo.
   J'espère que vous êtes / serez d'accord. (= indicatif présent / indicatif futur simple)

   Cuando lleguéis, podremos salir.
   Quand vous arriverez, on pourra partir. (= indicatif futur simple)

6. **Da der Modus *subjuntivo / subjonctif* / Konjunktiv im weitesten Sinn ein Modus der Unwirklichkeit und Unsicherheit ist, überschneidet er sich nicht von ungefähr:**

   - **mit dem Konditional:** Si viniera, me alegraría.
   - **mit dem Imperativ:** ¡Dime (tú)! ¡Diga, señor! ¡Sal rápido, pero no te caigas!
   - **sogar mit dem Futur:** Cuando lo sepamos, te lo diremos.

Der Imperativ El imperativo

Der Imperativ ist ein Modus, der einen Befehl oder eine starke Aufforderung ausdrückt. Obwohl sein deutscher Name „Befehlsform" lautet, kann mit dem Imperativ auch eine höfliche Einladung, ein Wunsch oder eine Bitte ausgedrückt werden:

Dame el pan, por favor. (= Bitte)
Pase, pase, no se quede ahí. (= Einladung)
¡Váyase! No quiero verle más. (= Befehl)

Übersicht über den Imperativ

	Bejahter Imperativ			Verneinter Imperativ		
	-ar	-er	-ir	-ar	-er	-ir
tú	mira	bebe	sube	no mires	no bebas	no subas
vosotros, -as	mirad	bebed	subid	no miréis	no bebáis	no subáis
usted	mire	beba	suba	no mire	no beba	no suba
ustedes	miren	beban	suban	no miren	no beban	no suban
nosotros, -as	miremos	bebamos	subamos	no miremos	no bebamos	no subamos

§ 18.1 Der bejahte Imperativ El imperativo afirmativo

—Compra la camisa, es muy barata.
—Sí, pero ven conmigo. Quiero probármela primero.

1. Regelmäßige Verben

	-ar	-er	-ir
tú	mira	bebe	sube
vosotros, -as	mirad	bebed	subid
usted	mire	beba	suba
ustedes	miren	beban	suban
nosotros, -as	miremos	bebamos	subamos

Nur die 2. Person Singular und Plural kennen eine eigene Imperativform.
Dabei entspricht der bejahte Imperativ der 2. Person Singular formal der 3. Person Singular Präsens Indikativ: *él compra → (tú) ¡compra!*
Der bejahte Imperativ von *vosotros / as* wird vom Infinitiv abgeleitet und das *-r* durch ein *-d* ersetzt.
Für alle übrigen Personen sowie beim verneinten Imperativ werden die entsprechenden Formen des *subjuntivo de presente* verwendet.

¡Corre, corre!
Renn schnell!

Aber: María, mira lo que tengo.
María, schau mal, was ich habe!

Anders als im Deutschen ist der Gebrauch von Ausrufezeichen beim Imperativ im Spanischen nur üblich, wenn es sich um einen Ausruf handelt.

2. Unregelmäßige Verben

decir	hacer	ir(se)	poner	salir	ser	tener	venir
di	haz	ve(te)	pon	sal	sé	ten	ven

Die nebenstehenden Verben haben einen unregelmäßigen Imperativ in der *tú*-Form.

Ella duerme mucho. → ¡Duerme (tú) mucho!
Él oye mis palabras. → ¡Oye (tú) lo que te digo!

Bei allen anderen unregelmäßigen Verben entspricht der Imperativ von *tú* immer der 3. Person Singular Präsens (vgl. § 15.1 – 2).

Mirá lo que tengo. ⟷ Mira lo que tengo.
Schau mal, was ich habe!

Poné la sal en la mesa. ⟷ Pon la sal en la mesa.
Stell das Salz auf den Tisch!

¡Vení! ⟷ ¡Ven!
Komm her!

Pensalo bien. ⟷ Piénsalo bien.
Überleg es dir gut!

In einigen Regionen Lateinamerikas, v. a. im Río-de-la-Plata-Gebiet, findet man für den bejahten Imperativ von *tú* jedoch andere Formen als die standardsprachlichen. Sie lassen sich mit dem dort üblichen *voseo* erklären (vgl. dazu S. 139) und ihr Hauptmerkmal ist die (vom jeweiligen Infinitiv abgeleitete) Endbetonung auf *-á*, *-é* oder *-í*.
Achten Sie auch auf Unterschiede in Diphthongierung und Betonung; die unterschiedliche Akzentsetzung ergibt sich aus den Betonungsregeln (siehe § 1.2).

Le ruego que usted traiga el paquete.
→ Traiga el paquete.

Sonia quiere que pidamos una paella.
→ **Pidamos una paella.**
Lasst uns eine Paella bestellen!

Der Imperativ von *usted*, *ustedes* und *nosotros, -as* entspricht immer den Formen des *presente de subjuntivo* (siehe § 17.1), auch wenn diese Formen unregelmäßig sind.

¡Venid rápido, mirad esto!

Der Imperativ von *vosotros, -as* ist regelmäßig. In der gesprochenen Sprache hört man auch oft die Infinitive: *¡Venir rápido, mirar esto!*

§ 18.2 Der verneinte Imperativ El imperativo negado

—No compres la camisa, es muy cara.
—Vale, pero no me grites, no estoy sordo.

	-ar	-er	-ir
tú	no mires	no bebas	no subas
vosotros, -as	no miréis	no bebáis	no subáis
usted	no mire	no beba	no suba
ustedes	no miren	no beban	no suban
nosotros, -as	no miremos	no bebamos	no subamos

Der verneinte Imperativ entspricht immer den Formen des *presente de subjuntivo*.

¡No me diga, increíble!
¡Construyamos una hermosa casa!

Ist das *presente de subjuntivo* eines Verbes unregelmäßig, wird der verneinte Imperativ mit denselben Unregelmäßigkeiten gebildet.

§ 18.3 Stellung der Personalpronomen beim Imperativ
La colocación de los pronombres personales con el imperativo

—¡Juan, pásame la toalla! ¡No, espera, mejor no me la pases todavía!

	Bejahter Imperativ
tú	¡Mírame a los ojos!
vosotros, -as	Compradlo, es muy barato.
usted	Dígame qué quiere.
ustedes	Piénsenselo dos veces.
nosotros, -as	¡Bebámoslo rápido!

Beim bejahten Imperativ werden die Objekt- und Reflexivpronomen an den Imperativ angehängt. Im Französischen ebenfalls, jedoch mit Bindestrich(en): *Dis-moi ce qu'il veut, s'il te plaît. Dites-le-leur, s'il vous plaît, (messieurs dames).*

¡Compra la blusa! → ¡Cómprala!
¡Lávate los dientes! → ¡Lávatelos!

Pon la mesa aquí. → ¡Ponla aquí!
Dame la corbata. → ¡Dámela!
Dígame lo importante. → ¡Dígamelo!

Wenn ein oder zwei Pronomen angehängt werden, erhalten die Verbformen, die auf der zweitletzten Silbe betont werden, einen Akzent.
Einsilbige Verben erhalten keinen Akzent, es sei denn, es werden zwei Pronomen angehängt.

¡Senta~~d~~os! → ¡Sentaos!
¡Lava~~d~~os las manos! → ¡Lavaos las manos!

¡Sentémo~~s~~nos! → ¡Sentémonos!
¡Lavémo~~s~~nos las manos! → ¡Lavémonoslas!

Bei den Reflexivverben entfällt:
- in der 2. Person Plural das *-d* und
- in der 1. Person Plural das *-s*.

[!] Der Imperativ des Verbs *irse* in der Form *vosotros/as* ist unregelmäßig, da das *-d* nicht wegfällt:
Idos de aquí. Geht weg von hier!

	Verneinter Imperativ
tú	¡No me mires a los ojos!
vosotros, -as	No lo compréis, es muy caro.
usted	No me diga lo que quiere.
ustedes	No se lo piensen dos veces.
nosotros, -as	¡No lo bebamos rápido!

Beim verneinten Imperativ stehen die Objekt- und Reflexivpronomen immer vor dem Imperativ.

➔ Für die Personalpronomen siehe Kapitel 5.

Para evitar errores . . .

Neben der Bildung des Imperativs gibt es im Spanischen weitere Möglichkeiten, eine Aufforderung auszudrücken:

Dame el pan. → ¿Puedes darme el pan?
→ ¿Me das el pan, por favor?
Quiero que me des el pan.

¡Estudiad más! → ¡A estudiar!
→ ¿Vamos a estudiar?

Infinitiv, Partizip und Gerundium
El infinitivo, participio y gerundio

Ein Infinitiv, ein Partizip oder ein Gerundium kann einen Nebensatz ersetzen. Des Weiteren verwendet man das Gerundium auch als Verlaufsform (*estar + gerundio*); den Infinitiv in Verbindung mit Modalverben (*debes trabajar*) oder als Substantiv (*el comprar*). Das Partizip wird auch als Adjektiv oder als Substantiv verwendet, zum Beispiel: *La peli es muy divertida*; oder: *lo entendido, lo establecido*.

Cuando casi terminaba el partido, España metió el gol contra Portugal.
Gerundium → Casi terminando el partido, España metió el gol contra Portugal.

Cuando terminó el partido, nos fuimos.
Infinitiv → Al terminar el partido, nos fuimos.
Partizip → Terminado el partido, nos fuimos.

§ 19.1 Der Infinitiv El infinitivo

—Me gusta salir al campo, correr y olvidar todo.

1. Bildung

Einfache Form	**Me gustó ir a Viena.** J'ai aimé aller à Vienne. Mir hat es gefallen, nach Wien zu fahren.
Perfektform	**Me gustó haber estado en Viena.** J'ai aimé avoir été à Vienne. Mir hat es gefallen, in Wien gewesen zu sein.

Neben der einfachen Form des Infinitivs gibt es eine Perfektform, die mit *haber* + Partizip gebildet wird.

2. Gebrauch des Infinitivs als Substantiv

	Infinitiv als Substantiv
Subjekt	**Cantar nos gusta mucho.** Chanter nous plaît beaucoup. Singen macht (uns) viel Spaß. We like singing.
Objekt	Escuchaba el cantar de los pájaros.
Nach dem Verb *ser*	Su mayor afición era cantar.
Nach Präpositionen	No me oyó por su cantar tan alto.

Im Satz kann der Infinitiv alle Funktionen des Substantivs erfüllen. Er steht allein oder wird zusammen mit dem Artikel *el*, dem Verb *ser* oder einem Possessivpronomen verwendet. Im Französischen können nur wenige Verben ein Substantiv bilden (z. B. *le déjeuner*). Im Englischen steht i. d. R. das *gerund*.

3. Gebrauch des Infinitivs nach Verben

	Infinitiv nach Verben
Modalverb	**Debes salir antes de las cinco.** Tu dois partir avant cinq heures. You should leave before five (o'clock).
Verb mit Adjektiv oder Adverb	**Es posible llegar antes de las cinco.** Il est possible d'arriver avant cinq heures. It is possible to arrive before five (o'clock).
Verb mit Präposition	**Empezó a llover y no fuimos al baile.** Il a commencé à pleuvoir et nous ne sommes pas allés au bal. **Vamos a ver.** **Aber:** On va voir. (ohne Präp.)

Der Infinitiv kann – wie im Französischen oder Englischen – eine Verbkonstruktion bilden. Er steht dann zusammen mit einem
- Modalverb,
- Verb mit Adjektiv / Adverb oder
- Verb mit Präposition.

[!] Beachten Sie: Für die spanischen Infinitivkonstruktionen mit Präposition (siehe auch § 21.5) gibt es häufig – aber nicht immer! – eine französische Entsprechung.

4. Nebensatzverkürzung mit Infinitiv

	Nebensatzverkürzung mit Infinitiv
Temporalsatz	**Al llegar, nos saludó.** En arrivant, il nous a salué(e)s. Als er ankam, hat er uns begrüßt. **Antes de venir, llamad.** Avant d'arriver, appelez-nous. Bevor ihr kommt, ruft an! **Después de haberse despedido de sus amigas lloraba todos los días.** Après avoir dit adieu à ses amies, elle a pleuré pendant des jours entiers. Nachdem sie sich von ihren Freundinnen verabschiedet hatte, weinte sie tagelang.
Kausalsatz	**Tuve una multa por haber conducido demasiado rápido.** J'ai eu un PV pour avoir roulé trop vite. Ich habe einen Strafzettel wegen zu schnellen Fahrens bekommen.
Finalsatz	**Para ir, coge el coche.** Pour y aller, prends la voiture. Um dort hinzufahren, nimm das Auto!
Modalsatz	**Se fue sin decir nada.** Il est parti sans rien dire. Er ging, ohne etwas zu sagen.
Konzessivsatz	**A pesar de haber estudiado mucho, no aprobó.** Obwohl er / sie viel gelernt hatte, bestand er / sie die Prüfung nicht.
Bedingungssatz	**De tener tiempo, lo hago.** Quand j'aurai le temps, je le ferai. Wenn ich Zeit habe, erledige ich es.

Zusammen mit einer Präposition bildet der Infinitiv einen verkürzten Nebensatz. Die Präposition stellt ein bestimmtes Sinnverhältnis (kausal, temporal usw.) her.
Wenn sich der Nebensatz auf eine Vorvergangenheit bezieht, wird die Perfektform des Infinitivs verwendet.

§ 19.2 Das Partizip Perfekt El participio pasado

—Mi padre, despedido del trabajo, está en el paro.

1. Bildung

	-ar	-er	-ir
Partizip Perfekt	hablado	bebido	subido

Das Partizip Perfekt der regelmäßigen Verben bildet man mit den Endungen *-ado* und *-ido*.

Unregelmäßiges Partizip					
abrir	→	abierto	morir	→	muerto
cubrir	→	cubierto	poner	→	puesto
decir	→	dicho	romper	→	roto
escribir	→	escrito	ver	→	visto
hacer	→	hecho	volver	→	vuelto

Einige Verben haben ein unregelmäßiges Partizip Perfekt.

Hemos freído el pescado.
Comemos pescado frito.

El bebé es despertado por su madre.
El bebé está despierto.

Es gibt auch Verben mit zwei Formen:
- regelmäßiges Partizip Perfekt mit *haber* und *ser*,
- unregelmäßiges Partizip Perfekt als Adjektiv oder mit *estar*.

[!] Im Spanischen findet sich das im Latein häufig vorkommende Partizip Präsens (*nolens volens*, *in flagranti*) v. a. in Form von Substantiven oder Adjektiven: *el cantante, un proyecto excitante*.

2. Gebrauch als Adjektiv und nach *estar*

Partizip Perfekt als Adjektiv und nach *estar*
Ellos son unas personas muy abiertas. Sie sind sehr offene Menschen.
La ventana está abierta y la puerta cerrada. Das Fenster ist offen und die Tür zu.

Wie im Französischen werden Partizipien wie andere Adjektive in Numerus und Genus an das Nomen angeglichen.

3. Gebrauch mit den Verben *haber* und *ser*

Partizip Perfekt mit *haber* und *ser*
Mañana habremos terminado el trabajo. Demain, nous aurons terminé le travail. Morgen werden wir die Arbeit abgeschlossen haben. Tomorrow we will have finished the work.
El festival fue inaugurado por el alcalde. Le festival a été inauguré par le maire. Das Festival wurde vom Bürgermeister eröffnet. The festival was opened by the mayor.

Zusammen mit dem Hilfsverb *haber* bildet das Partizip Perfekt zusammengesetzte Zeitformen (hier: Futur II). Das Partizip bleibt dabei unverändert.

Zusammen mit dem Verb *ser* ist das Partizip Perfekt veränderlich und bildet das Passiv.

➔ Für den Gebrauch von *estar* und *ser* mit Partizip siehe auch das Passiv § 20.1 und § 20.2.

4. Nebensatzverkürzung mit Partizip Perfekt

	Nebensatzverkürzung mit Partizip Perfekt
Relativsatz	**A la guerra, ganada por Franco, siguieron años de represión.** A la guerre gagnée par Franco ont fait suite des années de répression. Auf den von Franco gewonnenen Krieg folgte eine Zeit der Unterdrückung.
Temporalsatz	**(Una vez) terminada la peli, me fui.** Une fois le film terminé, je suis parti(e). Als der Film zu Ende war, ging ich.
Kausalsatz	**Apenas interesado el cliente, se marchó de la tienda.** Peu intéressé, le client est sorti du magasin. Weil der Kunde kaum interessiert war, verließ er das Geschäft.
Bedingungssatz	**Comparada contigo, soy baja.** Comparée à toi, je suis petite. Wenn ich mich mit dir vergleiche, bin ich klein.

Meistens verwendet man das Partizip Perfekt, um einen Relativsatz oder Temporalsatz zu verkürzen. Seltener drückt man damit den Grund oder eine Bedingung aus.

§ 19.3 Das Gerundium El gerundio

—Ahora estamos estudiando, pero después, yendo a tu casa, compraremos los refrescos.

1. Bildung

	-ar	-er	-ir
Gerundium	hablando	bebiendo	subiendo

Das Gerundium der regelmäßigen Verben bildet man mit den Endungen *-ando* und *-iendo*.

Perfektform	**Habiendo terminado el examen, pudo irse.** Da die Prüfung zu Ende war, konnte er / sie gehen.

Neben der üblichen Form des Gerundiums gibt es eine Perfektform, die mit *habiendo* + Partizip Perfekt gebildet wird.

	Unregelmäßiges Gerundium		
Verben „ie / i"	prefiere viene	→ →	prefiriendo viniendo
Verben „i"	dice pide	→ →	diciendo pidiendo
Verben „ue / u"	muere puede	→ →	muriendo pudiendo
Verben mit Vokal	leer oír	→ →	leyendo oyendo
ir	ir	→	yendo

Die Gruppenverben mit Vokaländerung e → ie / i oder e → i bilden das Gerundium mit einem i im Stamm.

Die Verben o → ue / u haben ein u im Stamm des Gerundiums.

Die Verben mit einem Vokal am Ende des Stamms sowie das Verb *ir* bilden das Gerundium mit y.

2. Das Gerundium in Verbkonstruktionen

El ladrón entró usando una palanca.

Estar + Gerundium
¿Qué estabas haciendo cuando entró el ladrón? Qu'est-ce que tu étais en train de faire quand le cambrioleur est entré ? Was hast du gerade gemacht, als der Einbrecher hineinkam? What were you doing when the burglar come in?

Am häufigsten verwendet man das Gerundium zusammen mit dem Verb *estar*.

➔ Für den Gebrauch von *estar* + Gerundium siehe auch § 15.4.

	Andere Verben + Gerundium
acabar **terminar**	**La peli era tan triste que acabé llorando.** Le film était si triste que j'ai (finalement) dû pleurer. Der Film war so traurig, dass ich (am Ende) weinen musste. The film was so sad that it made me cry.
andar	**Él anda buscando una solución.** Il est en train de trouver une solution. Er ist dabei, eine Lösung zu finden. He is going to find a solution.
continuar **seguir**	**Continúo estudiando Medicina.** Je continue à étudier la médecine. Ich studiere weiterhin Medizin. I'm still studying medicine.
ir	**La situación va empeorando.** La situation empire. Die Lage verschlechtert sich zunehmend. The situation is worsening / getting worse.
llevar	**Llevo tres años estudiando español.** Ça fait trois ans que j'étudie l'espagnol. Ich lerne seit drei Jahren Spanisch. I have been learning Spanish for three years.
quedarse	**Me quedé ayudando a mi madre.** Je suis resté(e) et j'ai aidé ma mère. Ich blieb und half meiner Mutter. I stayed and helped my mother.

Man kann das Gerundium auch mit anderen Verben als *estar* kombinieren. Die daraus entstandene Verbkonstruktion bringt dann die Zeitdauer oder den Zeitverlauf zum Ausdruck.

3. Nebensatzverkürzung mit Gerundium

	Nebensatzverkürzung mit Gerundium
Temporalsatz	**Volviendo a casa, Ana se dio cuenta del robo.** En rentrant chez elle, Ana s'est aperçue du vol. Als Ana nach Hause kam, bemerkte sie den Diebstahl. (On) coming home, Ana noticed the robbery. **Yendo al mercado, Ana ve el coche del ladrón.** En allant au marché, Ana voit la voiture du voleur. Als Ana zum Markt geht, sieht sie den Wagen des Diebes. Going to the market, Ana sees the thief's car.
Bedingungssatz	**Buscando mucho, encontraré mi llave.** En cherchant bien, je trouverai ma clé. Wenn ich richtig suche, finde ich meine Schlüssel. Taking time to look properly, I'll find my key.
Kausalsatz	**Estando bien entrenada, ganó el partido.** Etant bien entraînée, elle a gagné le match. Gut trainiert hat sie das Spiel gewonnen. Having practised a lot, she won the match.
Modalsatz	**Aprendemos enseñando.** Docendo discimus. On apprend en enseignant. Durch Lehren lernen wir. By teaching, we learn.
Relativsatz	**Vi al chico jugando al fútbol.** J'ai vu le garçon qui jouait au foot. Ich sah den Jungen, wie er Fussball spielte. I saw the boy playing football.
Konzessivsatz	**Aún habiendo estudiado informática no encuentra trabajo.** Bien qu'il ait fait des études d'informatique, il ne trouve pas de travail. Obwohl er Informatik studiert hat, findet er keine Arbeit. Although having studied IT, he can't get a job.

Das zur Verkürzung von Nebensätzen verwendete *gerundio* ist immer unveränderlich.
Auch im Französischen lassen sich Nebensätze mithilfe des *gérondif* verkürzen. Dieses ist ebenfalls unveränderlich und wird mit *en* eingeleitet.
Aber: Relativ- und Konzessivsätze werden im Französischen i.d.R. nicht verkürzt, Kausalsätze ggf. mithilfe des *participe présent composé* (= *ayant/étant + participe passé*).

Habiendo corrido mucho el atleta, tuvo que descansar.
Ayant beaucoup couru, l'athlète a dû se reposer.
Weil der Athlet viel gerannt war, musste er sich ausruhen.
The athlete had to rest because he had run a lot.

Bezieht sich der Nebensatz auf eine Vorvergangenheit, verwendet man die Perfektform des Gerundiums.

Me despedí de Luis dándole un besito.
J'ai dit au revoir à Luis et lui ai fait un bisou.
Ich verabschiedete mich von Luis und gab ihm ein Küsschen.
I said goodbye to Luis giving him a little kiss.

El presidente lo explicó dando más información.
Le président a expliqué cela en donnant d'autres informations.
Der Präsident erklärte dies und gab weitere Informationen.
The president explained this giving more informations.

Oft drückt die Nebensatzverkürzung mit Gerundium eine Handlung aus, die zur selben Zeit wie die Haupthandlung stattfindet. In diesem Fall kann man das Gerundium mit „und" übersetzen.

➔ Für die Stellung der Personalpronomen in Sätzen mit Gerundium siehe § 5.8.3.

Para evitar errores …

1. **Das deutsche oder englische Partizip Präsens wird im Spanischen und Französichen oft mithilfe einer Relativkonstruktion wiedergegeben:**

   Das weinende Kind suchte in der Menge verzweifelt nach seiner Mutter.
   The crying child looked desperately in the crowd for its mother.
   El niño que estaba llorando buscó desesperadamente a su madre entre la multitud.
   L'enfant qui pleurait cherchait désespérément sa mère dans la foule.

2. **Das *gerundio* wird – wie das französische *gérondif* – adverbial (nicht attributiv!) verwendet. Es ist unveränderlich und nicht zu verwechseln mit dem deutschen oder englischen Partizip Präsens (als veränderlicher Begleiter).**

Almendro en flor

Atravesando los campos valencianos gozábamos del olor de los almendros en flor.
En traversant les champs valenciens, nous nous réjouissions de l'odeur des amandiers en fleurs.
Als wir durch die Felder um Valencia fuhren, erfreuten wir uns am Duft der blühenden Mandelbäume.
Crossing the countryside of Valencia, we enjoyed the scent of its almond trees in flower.

Das Passiv La voz pasiva

Aktiv und Passiv drücken verschiedene Handlungsarten aus. Das Passiv stellt die Handlung, eine von der Handlung betroffene Person oder einen von der Handlung hergestellten Zustand dar. Der Urheber der Handlung (das logische Subjekt) tritt dagegen zurück und muss nicht genannt werden.

Aktiv: Colón descubrió América en 1492.

Passiv: América fue descubierta (por Colón) en 1492.

§ 20.1 Das Passiv mit *ser* La pasiva con *ser*

—El bebé fue abandonado y fue encontrado dos horas después por la policía.

- Le bébé a été abandonné et (a été) retrouvé deux heures plus tard par la police.
- Das Baby wurde ausgesetzt und zwei Stunden später von der Polizei gefunden.

Passiv mit *ser*		
Ese puente	es será quizá sea	construido por Calatrava.
Esas casas	fueron	construidas por Gaudí.

Das Vorgangspassiv wird mit dem konjugierten Verb *ser* und dem Partizip Perfekt gebildet. Das Partizip Perfekt wird in Genus und Numerus an das Subjekt angeglichen.

Los ladrones fueron detenidos después del robo.
Les cambrioleurs ont été arrêtés après le cambriolage.
Die Diebe wurden nach dem Einbruch festgenommen.

Das Vorgangspassiv kann in allen Zeiten und Modi verwendet werden. Typisch ist jedoch der Gebrauch des *pretérito indefinido* in Zeitungsartikeln.

§ 20.2 Das Passiv mit *estar* La pasiva con *estar*

—En España está prohibido fumar en los bares.

– In Spanien ist das Rauchen in Kneipen verboten.

Vorgangspassiv: La puerta fue abierta por el profesor.

↓

Zustandspassiv: La puerta está abierta.
(Das logische Subjekt / der Verursacher der Handlung wird nicht genannt.)

Das Zustandspassiv wird mit *estar* und dem Partizip Perfekt gebildet.
Anders als das Vorgangspassiv mit *ser* drückt das Zustandspassiv das Ergebnis einer Handlung aus.

Passiv mit *estar*
Los museos estarán mañana cerrados. Die Museen werden morgen geschlossen sein.
No creo que Colón esté enterrado en Sevilla. Ich glaube nicht, dass Kolumbus in Sevilla begraben ist.

Wie beim Passiv mit *ser* wird auch hier das Partizip Perfekt in Genus und Numerus an das Subjekt angeglichen.

¿Se dice la habitación está ordenada o la habitación es ordenada?
La habitación es ordenada (por mí).
La habitación está ordenada.

Oft ist das Passiv eine große Hilfe, wenn man nicht weiß, ob ein Adjektiv mit *ser* oder mit *estar* verwendet wird.

§ 20.3 Das Passiv mit dem Pronomen *se* La pasiva refleja

—Aquí se hablan catalán y castellano.

– Ici, on parle catalan et espagnol.

– Hier spricht man Katalanisch und Spanisch.

Passiv mit dem Pronomen *se*
Se buscan camareros. Kellner werden gesucht. / Man sucht Kellner.
Se buscan camareros ~~por la dirección del restaurante~~. **Camareros son buscados por la dirección del restaurante.** Von der Restaurantleitung werden Kellner gesucht.
Se vende un piso muy céntrico. Eine sehr zentral gelegene Wohnung steht zum Verkauf. **Se venden dos apartamentos muy luminosos.** Zwei sehr helle Wohnungen stehen zum Verkauf.

Im Spanischen kann man das Passiv mithilfe des reflexiven Pronomens *se* bilden. Das Verb richtet sich nach dem logischen Objekt, „mit dem etwas geschieht" und das nicht Ursprung der Handlung ist.

Wird der Urheber der Handlung genannt, sollte man kein *pasiva refleja* verwenden.

Das Verb richtet sich in Numerus (Singular oder Plural) nach dem Nomen (logischen Objekt), auf das es sich bezieht.

Se nota las ganas de irse de vacaciones.

In Lateinamerika ist es üblich, das Verb im Singular zu verwenden, d.h. an das logische Subjekt (*se*) anzupassen.

Si se aprende español, se entiende a los latinos.

Si uno aprende español, los entiende.
Si aprendes español, los entiendes.
Si aprendemos español, los entendemos.

Zusätzlich zum *pasiva refleja* gibt es andere Möglichkeiten, das Passiv zu ersetzen oder Sätze mit einem unpersönlichen Subjekt zu bilden:
- das Pronomen *uno*,
- die 2. Person Singular eines Verbes,
- die 1. Person Plural eines Verbes.

[!] Im Französischen ist die reflexive Version mit *se* als unpersönliches Passiv in Gebrauch:
En français, « espagnol » s'écrit avec « gn » au lieu de « ñ ».

§ 20.4 Andere Möglichkeiten zum Ausdruck des Passivs
Verbos sustitutivos de la pasiva

—En el accidente doce personas resultaron heridas y tres resultaron muertas.
- Bei dem Unfall wurden zwölf Menschen verletzt und drei starben.

Andere Verben	
acabar	**El sofá acabó destrozado (por el gato).** Am Schluss war die Couch (von der Katze) völlig zerfetzt.
encontrarse	**El turista se encuentra secuestrado.** Der Tourist ist entführt worden / wird entführt.
quedar(se)	**Nos quedamos encerrados en la sala.** Wir wurden im Raum eingeschlossen.
resultar	**El manifestante resultó herido.** Der Demonstrant wurde verletzt.
sentirse	**Me siento presionado por vosotros.** Ich fühle mich von euch unter Druck gesetzt.
seguir	**Los indígenas siguen oprimidos hoy en día.** Die Indios werden heutzutage immer noch unterdrückt.
verse	**La casa se vio afectada por el temporal.** Das Haus wurde durch das Unwetter beschädigt.

Anstelle von *ser* und *estar* werden für passivähnliche Konstruktionen im Spanischen häufig andere Verben verwendet.

Para evitar errores . . .

1. **Reflexive Verben können kein Passiv mit *se* bilden, da das *se* zum Verb gehört und deshalb kein Passiv markieren kann:**

   Se lava las manos.
   Er / sie wäscht sich die Hände.

   Uno se lava las manos.
   Man wäscht sich die Hände.

2. **Um herauszufinden, ob das im *pasiva refleja* stehende Verb im Singular oder im Plural stehen muss, ist es hilfreich, den Satz ins Passiv zu übersetzen (anstelle einer Übersetzung mit „man"):**

   En Suiza se hablan cuatro idiomas oficiales.
   In der Schweiz werden vier Staatssprachen gesprochen.

   Se vendieron tres cuadros de Picasso.
   Drei Bilder von Picasso wurden verkauft.

3. **Das Französische unterscheidet Vorgangs- und Zustandspassiv anders als das Spanische:**

   Vorgangspassiv:
   Tres pisos son / fueron vendidos (por el proprietario).
   Trois appartements sont vendus / ont été vendus par le propriétaire.
   Drei Wohnungen werden / wurden (vom Eigentümer) verkauft.

   Zustandspassiv:
   Tres pisos están / estaban ya vendidos.
   Trois appartements sont / étaient déjà vendus.
   Drei Wohnungen sind / waren schon verkauft.

Präpositionen und Konjunktionen
Las preposiciones y las conjunciones

Una postal desde Argentina

En invierno vamos siempre a Mar del Plata.
En été, on a l'habitude d'aller à la mer du Nord.

Llegamos y dormimos en un hotel o pensión.

Hauptsatz + *Hauptsatz* *Subst.* + *Subst.*

Präpositionen (Verhältniswörter) sind unveränderlich und setzen verschiedene Elemente miteinander in ein Verhältnis (*über, unter, neben, zwischen, nach* …). Vor Substantiven können Präpositionen mit dem Artikel verschmelzen (span. *de* + *el* → *del*; frz. *de* + *le* → *du* usw.). Weiter begegnen Präpositionen in Abhängigkeit von Verben: span. *soñar con*, dt. *träumen von*, frz. *rêver de / à*.

Konjunktionen dagegen verbinden zwei gleichwertige Elemente (Hauptsätze, Substantive, Adjektive usw.) oder einen Haupt- und einen Nebensatz.

§ 21.1 Präpositionen und Deklinationen Preposiciones y declinaciones

—Es la camisa de Juan. ¿Ves a Juan por algún lado?

Akkusativ- und Dativfunktion	**Veo a la chica.** Je vois la fille. Ich sehe das Mädchen. **Doy un regalo a la chica.** Je donne un cadeau à la fille. Ich gebe dem Mädchen ein Geschenk.
Genitivfunktion	**Ahora es el regalo de la chica.** Maintenant, c'est le cadeau de la fille. Jetzt ist es das Geschenk des Mädchens.

Anstatt der Deklinationen des Lateinischen oder des Deutschen, verwendet das Spanische – wie das Französische (außer in der Akkusativfunktion!) – Präpositionen.

§ 21.2 Übersicht der Präpositionen Lista de las preposiciones

Debajo de la elefanta

Junto a la elefanta

Einfache Präpositionen bestehen aus einem Wort, zusammengesetzte aus mehreren:

La cría de elefante se esconde bajo su madre, es decir, debajo de la elefanta.

La cría de elefante camina junto a su madre.

1. Einfache Präpositionen

a (in, nach, zu)	Me gustó ir a la Patagonia.
ante (vor, ähnlich wie *delante de*)	Ante el juez no se atrevió a hablar.
bajo (unter, ähnlich wie *debajo de*)	Bajo tu piso hay un bar.
con (mit)	¿Vienes con nosotros?
contra (gegen, ähnlich wie *en contra de*)	Ganamos contra los mejores.
de (aus, von)	Soy de Córdoba, en Argentina.
desde (von … aus, seit)	Desde aquí puedes ver toda la ciudad.
durante (während)	Durante las vacaciones vimos Buenos Aires.
en (in)	Estuve una vez en Iguazú.
entre (zwischen)	La Pampa está entre Buenos Aires y los Andes.
excepto (außer)	Todos aprobaron excepto tú.
hacia (etwa um, nach)	El avión hacia Rosario sale hacia las cinco.
hasta (bis)	No llegamos hasta la cima del Aconcagua.
mediante (durch, mittels)	Mediante el trabajo cambiará tu vida.
para (für, um zu)	Para ti es muy fácil el español.
por (für, wegen)	No fuimos a La Plata por falta de dinero.
según (nach Meinung von)	Según mi padre, lo mejor es Corrientes.
sin (ohne)	No quiero ir a Argentina sin vosotros.
sobre (auf, ähnlich wie *encima de*; über)	Sobre la mesa había un sobre.
tras (nach, ähnlich wie *detrás de, después de*)	Tras tres meses volvimos a Alemania.

2. Zusammengesetzte Präpositionen

antes de / después de (zeitlich: vor / nach)	Llegaremos antes de las ocho.
delante de / detrás de (örtlich: vor / hinter)	¿Qué hay detrás de la puerta?
encima de / debajo de (über / unter)	No has buscado debajo de la alfombra.
junto a (neben)	Junto a la iglesia hay un árbol.
en lugar de / en vez de (anstatt)	En lugar de llorar, deberías hacer algo.
por medio de (durch, mittels)	Me he enterado por medio de tu e-mail.

Spanien: Yo entré en la casa.
Lateinamerika: Yo entré a la casa.

In Lateinamerika und in Spanien werden die Präpositionen nicht immer gleich gebraucht.

Es un asunto entre tú y yo.
Das ist eine Angelegenheit zwischen dir und mir.

Entre, excepto und *según* werden nicht mit *mí* und *ti*, sondern mit *yo* und *tú* verwendet.

→ Für den Gebrauch der Personalpronomen nach Präpositionen *(conmigo* etc.) siehe § 5.2, für den Gebrauch von Präpositionen in Nebensätzen § 17.7 sowie bei Nebensatzverkürzung § 19.1.4 und § 19.2.4.

§ 21.3 Die Präpositionen *a*, *de* und *en* Las preposiciones *a*, *de* y *en*

—Llegamos a las nueve y dormimos en una típica casa de Buenos Aires.

Gebrauch der Präpositionen *a*, *de* und *en*	
	Die Präposition *a* wird verwendet:
Fui a un hotel a tres kilómetros del centro. Je suis allé(e) dans un hôtel à 3 km du centre.	• um die Richtung oder Entfernung anzugeben,
A la derecha hay un quiosco. À droite / Sur la droite, il y a un kiosque.	• in Verbindung mit einigen Ortsangaben,
Dos veces al mes voy a las nueve al médico. Deux fois par mois, je vais à 9h chez le médecin.	• in Zeit-, Alters- und Häufigkeitsangaben und
¡Ya es hora, a comer! C'est l'heure, à table !	• um Befehle zu erteilen. Achtung: Im Französischen können dem spanischen *a* auch folgende Präpositionen entsprechen: *chez, dans, en, par, sur*.
	Die Präposition *de* wird – teilweise (!) wie im Französischen – verwendet:
¿De quién es este kilo de jamón? A qui est ce kilo de jambon ?	• um Besitz anzuzeigen und nach Mengenangaben,
Esta escultura de mármol es de Italia. Cette sculpture de marbre est d'Italie.	• um das Material und die Herkunft anzugeben,
Fui al sur de Perú, cerca de Tacna. Je suis allé(e) au sud du Pérou, près de Tacna.	• bei Ortsbezeichnungen und Entfernungen,
Llegué el diez de agosto a las siete de la tarde. Je suis arrivé le 10 __ août à sept heures du soir.	• beim Datum und in Angaben nach der Uhrzeit,
El hombre del jersey azul es mi padre. L'homme au pull bleu est mon père.	• zur Identifikation von Personen und
Ese comportamiento es típico de él. Ce comportement est typique de lui.	• nach *típico, la razón, la causa* und *el motivo*.
	Die Präposition *en* wird – meist wie im Französischen – verwendet:
Evita Perón nació en Los Toldos en 1919. Evita Perón est née à Toldos en 1919.	• in Orts- und Zeitangaben,
Dime algo en español. Dis-moi quelque chose en espagnol.	• um die Sprache anzugeben,
Luis es doctor en Historia y experto en arte. Luis est docteur en histoire et expert en art.	• bei einer Spezialisierung,
Fuimos en autobús al sur. Nous sommes allés en bus dans le sud.	• bei Transportmitteln (außer: *a pie, a caballo*).
¿Vamos al parque del centro? On va au parc du centre ?	Die Präpositionen *a* und *de* verschmelzen vor dem Artikel *el* zu *al* und *del*.

Die Präpositionen *a*, *de* und *en* werden auch in vielen festen Wendungen verwendet: *de prisa, en general, a veces, de nada, a orillas de, en cambio, a medias* usw.

§ 21.4 Die Präpositionen *por* und *para* Las preposiciones *por* y *para*

Gebrauch der Präposition *para*
He comprado un disco de tango para Álex. El tren para París acaba de llegar. Para llegar al sur hay que ir en avión. Para estar en paro, tienes mucho dinero. Llegará (para) el sábado. Mi hijo va para médico.

Die Präposition *para* wird verwendet:

- zur Angabe der Bestimmung oder des Zwecks,
- zur Angabe des Ziels,
- mit der Bedeutung *um … zu* / *dafür, dass …* und *für*,
- zur Angabe eines Termins oder einer Frist und
- um die Berufsrichtung anzugeben.

Gebrauch der Präposition *por*
No voy a ir por falta de tiempo. Paseamos por la zona peatonal. ¿Me avisas por Internet o por correo? Por Navidades voy a casa de mi tía que vive por Cádiz. Por la mañana hace mucho frío. Te vendo mi móvil por diez euros. América fue descubierta por Colón.

Die Präposition *por* wird verwendet:

- zur Angabe eines Grundes,
- nach Verben der Bewegung in Verbindung mit einer Ortsnennung (*andar, caminar, pasar*),
- zur Angabe des Kommunikationsmittels,
- bei ungenauen Orts- und Zeitangaben,
- bei Zeitangaben ohne Uhrzeit,
- beim Tausch und Kauf und
- in Passivsätzen zum Anschluss des logischen Subjekts.

Para entspricht im Französischen meist *pour* und *por* entspricht oft *par*.

[!] Anders als die Präposition *para* wird die Präposition *por* auch in vielen festen Wendungen verwendet: *por favor, por ejemplo, por cierto, por ciento, por casualidad, por último* usw.

§ 21.5 Präpositionen nach Verben Las preposiciones tras el verbo

Präp.	Verben
a	acercarse a, aprender a, ayudar a, comenzar a, corresponder a, decidirse a, empezar a, enseñar a, invitar a, negarse a, referirse a, ser alérgico a, volver a
de	acabar de, acordarse de, alegrarse de, alejarse de, aprovecharse de, burlarse de, cansarse de, depender de, dejar de, dudar de, enamorarse de, encargarse de, ocuparse de, olvidarse de, quejarse de, reírse de, tratar de
con	casarse con, contar con, soñar con
en	confiar en, consistir en, convertirse en, creer en, insistir en, pensar en, quedar en, tardar en
por	dar las gracias por, decidirse por, esforzarse por, interesarse por, multiplicar por, preocuparse por

Lernen Sie das Verb immer zusammen mit der Präposition, denn diese sind in den verschiedenen Sprachen nicht identisch!
Beispiele: span. *confiar en* = frz. *se fier à*;
span. *pensar en* = frz. *penser à*;
span. *interesarse por* = frz. *s'intéresser à*;
span. *soñar con* = frz. *rêver de*.

	Verben, die ohne Präposition verwendet werden
Verben mit Infinitiv	intentar, olvidar, recordar…
***ser* + Adjektiv + Infinitiv**	es difícil, es necesario, es posible, es probable…

creer algo ⟷ creer en algo
etwas glauben ⟷ an etwas glauben

decidirse por algo ⟷ decidirse a hacer algo
sich für etwas entscheiden ⟷ beschließen, etwas zu tun

Manche Verben können mit und ohne Präposition, oder auch mit unterschiedlichen Präpositionen, verwendet werden. Ihre Bedeutung ändert sich dabei.

§ 21.6 Konjunktionen Las conjunciones

—Siempre que vamos a Buenos Aires, dormimos y comemos en el hotel Bonito.

1. Nebenordnende Konjunktionen

	Nebenordnende Konjunktionen
y (und)	**Son María y Joaquín.** Ce sont María et Joaquín.
o (oder)	**¿Estudias o trabajas?** Tu fais des études ou tu travailles ?
pero (aber)	**Me gusta el cuadro, pero no lo compro.** J'aime le tableau, mais je ne l'achète pas.
ni… ni / ni (weder … noch)	**Ni es mi amigo ni es tu amigo.** Il n'est ni mon ami ni ton ami. **No es (ni) mi amigo ni tu amigo.**
sino (sondern)	**No es blanco, sino gris.** Ce n'est pas blanc, mais gris. Es ist nicht weiß, sondern grau. It is not white but grey.

Konjunktionen verbinden (*to conjunct*) gleichwertige Elemente miteinander, z. B. Hauptsätze, Substantive, Adjektive, Adverbien usw.

Los hijos e hijas de Don Luis son siete u ocho.

Die Konjunktion *y* wird vor *i-* oder *hi-* zu *e*.
Die Konjunktion *o* wird vor *o-* oder *ho-* zu *u*.

2. Unterordnende Konjunktionen

	Unterordnende Konjunktionen
que, para que, si, mientras, como, aunque . . .	**Vino para que lo ayudara.** Il est venu pour que je l'aide. **Si quieres, puedes ayudarme.** Si tu veux, tu peux m'aider.

Unterordnende Konjunktionen leiten einen Nebensatz ein. Je nach Konjunktion und Bedeutung steht das Verb im *subjuntivo* oder im Indikativ.

➔ Sie finden detaillierte Erklärungen zu den Konjunktionen und deren Gebrauch mit Indikativ oder *subjuntivo* unter § 17.7.

Para evitar errores . . .

1. **Das Jahr wird auf Spanisch mit Präposition und auf Deutsch ohne Präposition angegeben:**

   En 1816 Argentina se independizó.
   En 1816, l'Argentine devint / est devenue indépendante.
   __* 1816 wurde Argentinien ein unabhängiges Land.
   Argentina became independent in 1816.

   Vor dem Datum und dem Wochentag wird dagegen auf Spanisch keine Präposition genannt:

   __ El 4 de julio llegamos a Berlín.
   __ Le 4 juillet nous sommes arrivés à Berlin.
   Am 4. Juli kamen wir in Berlin an.
   We arrived in Berlin on July the fourth.

   __ El lunes voy a celebrar mi cumpleaños.
   __ Lundi, je vais fêter mon anniversaire.
   Am Montag feiere ich meinen Geburtstag.
   I'll celebrate my birthday on Monday.

2. **Vor *mañana*, *tarde* und *noche* wird *de* anstatt *por* verwendet, wenn die Uhrzeit genannt wird:**

   Vamos a tu casa por la tarde.
   Wir gehen nachmittags zu dir.

   Vamos a tu casa a las cinco de la tarde.
   Wir gehen um fünf Uhr nachmittags zu dir.

   Vor *mediodía* und *medianoche* wird nicht *por*, sondern *a* verwendet: El tren llegó a medianoche.

3. **Achten Sie besonders auf die Präposition nach folgenden Verben:**

   casarse con: Me quiero casar contigo.
   Je veux me marier avec toi. / Je veux __ t'épouser.
   Ich will __ dich heiraten.
   I want to marry __ you.

   llegar a: Llegaremos a Berlín muy temprano.
   Nous allons arriver très tôt à Berlin.
   Wir werden sehr früh in Berlin ankommen.
   We will arrive in Berlin very early.

   enamorarse de: Me he enamorado de Julio.
   Je suis tombée amoureuse de Julio.
   Ich habe mich in Julio verliebt.
   I fell in love with Julio.

   soñar con: Sueño con ser arquitecto.
   Je rêve d'être architecte.
   Ich träume davon, Architekt zu werden.
   I have always dreamt of becoming an architect.

4. **Die Unterscheidung *wo? / wohin?* findet im Französischen nur über das Verb statt:**

   Estamos en Madrid.
   Nous nous trouvons à Madrid.

   Fuimos a Madrid.
   Nous sommes allés à Madrid.

* Der rote Unterstrich bedeutet, dass es in der jeweiligen Sprache keine Entsprechung gibt.

Direkte und indirekte Rede — El estilo directo e indirecto

Die direkte Rede macht eine wörtliche Aussage.
In der **indirekten Rede** gibt eine Person eine Aussage wieder: Diese wird durch ein Verb des Sagens oder Meinens eingeleitet; es folgt die indirekte Aussage – so auch im Französischen oder Englischen – im Indikativ. Dagegen verlangt das Deutsche den Konjunktiv; standardsprachlich nicht korrekt, begegnet jedoch auch häufig der Indikativ.
Adverbien und Pronomen müssen ggf. angepasst und die Zeitenfolge beachtet werden:
➔ *El camarero preguntó si queríamos pedir cinco cañas más. Dijo que esperáramos un segundito hasta que viniera.*

§ 22.1 Die direkte Rede — El estilo directo

—¿Los españoles tienen muchos hijos?
—Eso era antes, ahora no.

In Erzähltexten wird die direkte Rede angegeben:

—Los españoles almuerzan muy tarde —comentó el profesor.

- mit Spiegelstrichen oder

El profesor dijo: "También cenan muy tarde".
Y añadió: «Y se acuestan tardísimo».

- mit Anführungszeichen: "…" bzw. «…».

§ 22.2 Die indirekte Rede ohne Tempusverschiebung — El estilo indirecto sin cambio del tiempo verbal

—A los españoles les gustan las tapas. → Dice que a los españoles les gustan las tapas.

—He comprado pan. → Dice que ha comprado pan.

—¿Compras pan? → Pregunta si compro pan.
—¿Cuánto cuesta? → Pregunta cuánto cuesta.

Die indirekte Rede wird bei Aussagen eingeleitet mit
- *que*

und bei indirekten Fragen mit
- *si* oder
- einem Fragewort.

Indirekte Rede ohne Tempusverschiebung

—Me encanta el marisco.

Dice / Ha dicho / Dirá } que le encanta el marisco.

Steht das einleitende Verb im *presente de indicativo*, *pretérito perfecto* oder *futuro*, ändert sich die Zeit des Verbs in der indirekten Rede nicht.

—Busco mi coche aquí.
→ Dice que busca su coche allí.
„Ich suche mein Auto hier."
→ Er sagt, er suche sein Auto dort.

In der indirekten Rede müssen neben der Verbform ggf. auch die Personal- und Possessivpronomen sowie die Ortsangaben angepasst werden.

§ 22.3 Die indirekte Rede mit Tempusverschiebung
El estilo indirecto con cambio del tiempo verbal

Cantando El Gordo

—Me gusta mucho jugar a la lotería.
→ Dijo que le gustaba mucho jugar a la lotería.

Indirekte Rede mit Tempusverschiebung

—Hoy es martes y trece.

Decía / Dijo / Había dicho } que era martes y trece.

Steht das einleitende Verb im *pretérito imperfecto*, *pretérito indefinido* oder *pretérito pluscuamperfecto*, ändert sich die Zeit des Verbs in der indirekten Rede nach unten stehendem Schema.

Direkte Rede	→	Indirekte Rede	Beispiele
Presente	→	Imperfecto	**—¿Me ayudas? → Preguntó si lo ayudaba.** « Tu m'aides ? » → Il m'a demandé si je l'aidais.
Perfecto	→	Pluscuamperfecto	**—¿Has terminado? → Preguntó si había terminado.** « Tu as fini ? » → Il m'a demandé si j'avais fini.
Indefinido	→	Pluscuamperfecto / Indefinido	**—Te llamé. → Me dijo que me había llamado / llamó.** « Je t'ai appelé. » → Il m'a dit qu'il m'avait appelé.
Futuro simple	→	Condicional simple	**—Ana lo hará. → Contó que Ana lo haría.** « Ana le fera. » → Il a dit qu'Ana le ferait.
Presente de subj.	→	Imperfecto de subjuntivo	**—Espero que llegue. → Dijo que esperaba que llegara.** « Je souhaite qu'il arrive. » → Il a dit qu'il souhaitait qu'il arrive.
Perfecto de subj.	→	Pluscuamperfecto de subjuntivo	**—Ojalá haya ganado. → Dijo que ojalá hubiera ganado.** « Je souhaite qu'il ait gagné. » → Il a dit qu'il souhaitait qu'il ait gagné.

—Antes los españoles fumaban mucho.
→ Afirmó que antes los españoles fumaban mucho.

Steht das Verb in der direkten Rede im *pretérito imperfecto* oder *pretérito pluscuamperfecto*, bleibt es in der indirekten Rede unverändert.

—Hoy mi padre me visita aquí.
→ Dijo que aquel día su padre lo visitaba allí.

In der indirekten Rede mit Tempusverschiebung werden außer der Verbform und den Personal- sowie Possessivpronomen und Ortsangaben ggf. auch die Zeitangaben an den Kontext angepasst:

ahora	→	entonces
este año	→	aquel año
esta tarde	→	aquella tarde
la próxima semana	→	la semana siguiente
mañana	→	al día siguiente

§ 22.4 Der Imperativ in der indirekten Rede El imperativo en el estilo indirecto

Imperativ in der indirekten Rede

—Sal de la clase.
→ Me dice (= pide) que salga de la clase.
→ Me dijo (= pidió) que saliera de la clase.
Il me dit / m'a dit de quitter la salle de classe.

Soll ein Imperativ wiedergeben werden, gewinnt das einleitende Verb *decir* die Bedeutung von „empfehlen" oder „befehlen". Folglich wird in der indirekten Rede der *subjuntivo* verwendet.
Dagegen steht im Französischen *de* + Infinitiv.

➔ Für den Gebrauch des *subjuntivo* nach Verben der Willensäußerung siehe § 17.6.1.

Para evitar errores...

1. **Vorsicht bei den Verbpaaren *ir / venir* und *traer / llevar*! Bei einem Richtungswechsel in der indirekten Rede muss ggf. der „Partner" verwendet werden:**

   —¡Ven a mi casa! *(= herkommen)* → Me dijo que fuera a su casa. (= *hingehen*)
   —Os llevaré flores . (= *hinbringen*) → Dice que nos traerá flores. (= *herbringen*)

   Aber: Ist der Sprecher in der indirekten Rede nicht das „Ziel" aus der direkten Rede, ergibt sich auch kein Richtungswechsel:

   —Primero voy a Madrid y luego voy a visitar a una amiga en Berlín.
   → Dice que primero va a Madrid y que luego va a visitar a una amiga en Berlín.

2. **Im Gegensatz zum Spanischen, Französischen und Englischen beachtet das Deutsche in der indirekten Rede die Zeitenfolge weniger. Im Deutschen steht i. d. R. der Konjunktiv:**

   Ina sagte mir, sie sei mit mir einverstanden.
   Ina me dijo que estaba de acuerdo conmigo.
   Ina m'a dit qu'elle était d'accord avec moi.
   Ina told me she agreed with me.

3. **Achten Sie darauf, dass in der indirekten Rede vor dem *que* kein Komma steht:**

   Pide que lo vayamos a recoger al aeropuerto.
   Er bittet uns, dass wir ihn am Flughafen abholen.

Besonderheiten der spanischen Sprache
Las particularidades de la lengua española

Manche Strukturen und Verben erweisen sich für die Lernenden der spanischen Sprache besonders schwierig. Dazu gehören die Unterscheidung zwischen *ser*, *estar* und *hay* oder die Übersetzung des Verbs „werden" und des Adverbs „erst".

Ana y Sol son de Jaén, pero ahora están en la Plaza de la Gendarmería.
Se ponen nerviosas porque no encuentran la estación del metro.
Solo cuando la hayan encontrado, pueden seguir su visita en Berlín.

§ 23.1 Der Gebrauch von *ser* und *estar* El uso de *ser* y *estar*

—¿A qué día estamos?
—Pues… hoy es el veintinueve de febrero.

1. Allgemeine Regeln

Ser **wird verwendet …**	***Estar*** **wird verwendet …**
• **vor einem Substantiv oder Pronomen:** Este soy yo cuando era estudiante de Arte. Hoy es jueves y ahora son las cuatro de la tarde.	• **zusammen mit dem Gerundium (§ 19.3.2):** No puedo ir al cine, estoy estudiando. Estaba leyendo, cuando entró su novia.
• **zur Bildung des Vorgangspassivs (§ 20.1):** El cine fue inaugurado el 2 de enero.	• **zur Bildung des Zustandspassivs (§ 20.2):** El cine ya está inaugurado.
• **mit Adjektiven, die bleibende oder charakteristische Eigenschaften beschreiben:** De niño mi hermano era muy simpático.	• **mit Adjektiven, die vorübergehende Eigenschaften beschreiben:** Hoy mis padres están tristes.
• **mit Zeitadverbien wie *pronto*, *tarde*, *temprano*:** Todavía es pronto. Es muy temprano para ir al cine.	• **zur Orts- / Zeitangabe mit der Präposition *en*:** ¿Ya estuviste en Cádiz? Ahora estamos en julio.
• **mit der Präposition *de*, um Besitz, Herkunft, Ursprung und Material anzugeben:** El libro es de mi amigo Antonio. Vargas Llosa es de Perú. Las sillas son del siglo XVI, de madera.	• **mit der Präposition *a*, um Preis, Datum oder Temperatur anzugeben:** ¿A cuánto están las patatas? Ahora estamos a doce de enero. El agua está ya a cien grados centígrados.
• **in folgenden Ausdrücken und Strukturen:** ¿Ahora es de día o de noche? ¿Qué fue de Julio, sabes algo? El concierto es (= se celebra) a las ocho.	• **in folgenden Ausdrücken und Strukturen:** ¿Estáis a favor de o en contra de la huelga? Solo estoy de paso, no me quedo mucho. Estás de mal humor porque todo te sale mal.

2. Der Gebrauch von *ser* und *estar* mit Adjektiven

Adjektive in unterschiedlicher Bedeutung mit *ser* und *estar*			
ser abierto, -a ≠ cerrado, -a	offenherzig ≠ verschlossen sein	**estar abierto, -a ≠ cerrado, -a**	offen ≠ geschlossen sein
ser aburrido, -a	langweilig sein	**estar aburrido, -a**	sich langweilen
ser atento, -a	zuvorkommend sein	**estar atento, -a**	aufpassen
ser bueno, -a	lieb, brav sein	**estar bueno, -a**	gesund, attraktiv sein; auch: lecker schmecken
ser claro, -a	hell sein (*eine Farbe*)	**estar claro, -a**	offensichtlich sein
ser consciente	sich einer Sache bewusst sein	**estar consciente**	bei Bewusstsein sein
ser listo, -a	klug sein	**estar listo, -a**	bereit sein
ser malo, -a	böse sein	**estar malo, -a**	krank sein
ser rico, -a	reich sein; auch: prinzipiell(!) gut schmecken	**estar rico, -a**	gut schmecken
Es seguro, -a que …	Es ist sicher, dass …	**Estoy seguro, -a de que …**	Ich bin mir sicher, dass …
ser vivo, -a	lebhaft sein	**estar vivo, -a**	am Leben sein

ser / estar casado, -a	verheiratet sein
ser / estar divorciado, -a	geschieden sein
ser / estar soltero, -a	ledig sein
ser / estar viudo, -a	Witwer / Witwe sein

Nebenstehende Adjektive werden in Spanien mit *estar*, in Lateinamerika mit *ser* verwendet.

§ 23.2 Der Gebrauch von *estar* und *hay* El uso de *estar* y *hay*

—¿Hay mucha gente en el bar?
—No… están solo Sonia y Lidia.

Gebrauch von *hay*

En el bar hay una banda y mucha gente.

Cuando llegué, no había nadie.
No hubo más de tres personas en la fiesta.

Die Verbform *hay* (*había, hubo, habrá* usw.) ist unveränderlich und wird verwendet:
- bei Substantiven ohne Begleiter oder mit unbestimmtem Begleiter,
- bei unbestimmten Pronomen,
- bei Zahlwörtern oder Mengenangaben.

Gebrauch von *estar*

En la fiesta están Juan y la familia de su novia.

Cuando llegué, estaba tu amigo.

En la fiesta estaban los tres amigos de ayer.

Das Verb *estar* wird verwendet:
- bei Eigennamen und Substantiven mit bestimmtem Begleiter,
- bei bestimmten Pronomen, wie z. B. den Possessivpronomen, und
- bei Zahlwörtern oder Mengenangaben mit einem bestimmten Begleiter.

¿Dónde es (= se celebra) la misa?
Wo findet der Gottesdienst statt?

In der Bedeutung von „stattfinden“ (meistens für Veranstaltungen) wird *ser* verwendet.

§ 23.3 Die Übersetzung des Verbs „werden“ La traducción del verbo *werden*

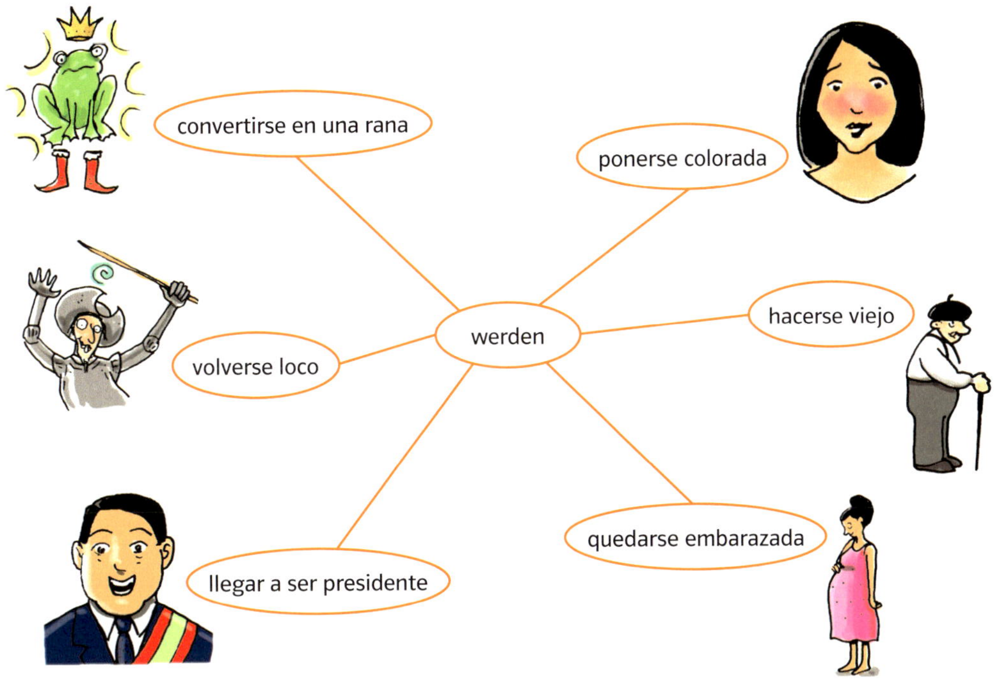

Die Übersetzung von „werden“
ponerse enfermo, rojo / colorado, triste, alegre . . . krank, rot, traurig, fröhlich … werden
hacerse viejo, rico, famoso, médico, de derechas . . . alt, reich, berühmt, Arzt, ein Rechter … werden
volverse loco, tonto, ecologista, de izquierdas . . . verrückt, dumm, ein Grüner, ein Linker … werden
llegar a ser notario, presidente, famoso . . . Notar, Präsident, berühmt … werden
quedarse ciego, embarazada, viudo . . . blind, schwanger, Witwer … werden
convertirse en un príncipe, una mariposa . . . ein Prinz, ein Schmetterling … werden
querer ser dentista, astronauta . . . Zahnarzt, Astronaut … werden wollen

Das Verb „werden“ lässt sich wiedergeben mithilfe von:

- *ponerse* zum Ausdruck einer vorübergehenden Veränderung,
- *hacerse* als Resultat einer Entwicklung bzw. im Sinne einer neuen Ideologie,
- *volverse* als Ausdruck einer anhaltenden Veränderung oder neuen Ideologie,
- *llegar a ser* als Resultat eines Wunsches oder Strebens,
- *quedarse* als Resultat eines Ereignisses (meist mit dauerhaften Folgen),
- *convertise en* zum Ausdruck einer Verwandlung,
- *querer ser* zur Beschreibung eines Wunschberufes.

Me enfado cuando me engañan.
Ich werde böse, wenn man mich betrügt.

Ahora amanece.
Jetzt wird es Tag.

Für manche deutsche Strukturen „werden“ + Adj. / Subst. verwendet die spanische Sprache ein eigenes Verb.

§ 23.4 Die Übersetzung des Adverbs „erst" La traducción del adverbio *erst*

—Ella solo tiene catorce años.
– Sie ist erst vierzehn Jahre alt.

Die Übersetzung von „erst"
Llegué a Berlín hace solo dos meses. Ich kam erst vor zwei Monaten nach Berlin. Je suis venu à Berlin il y a seulement deux mois.
Llevo solo cinco semanas en Ratisbona. Ich bin erst (seit) fünf Wochen in Regensburg. Je suis seulement depuis cinq semaines à Ratisbonne.
Solo cuando hayas hecho las maletas nos vamos. Erst wenn du gepackt hast, fahren wir. Nous partirons seulement quand tu auras terminé de faire tes valises.
No me voy hasta el lunes / antes del lunes. Ich fahre erst am Montag weg. Je ne pars que lundi.
Primero tienes que aprobar el examen. Du musst erst einmal die Prüfung bestehen. D'abord, il faut que tu réussisses à l'examen.

Das Adverb „erst" kann man mithilfe folgender Strukturen wiedergeben:

- *solo* im Sinne von „erst vor" oder

  „erst … Tage / Wochen / Jahre" oder

  „erst wenn" (um Bedingungen auszudrücken);
- *no hasta, no antes de* im Sinne von „erst am / nach + Datum" (zukünftig);
- *primero* im Sinne von „erst einmal".

Para evitar errores …

1. **Beachten Sie, dass das personale Akkusativobjekt im Spanischen die Präposition *a* erfordert:**

   Conozco un sitio muy bonito. Conozco a ese chico allí.

2. **Die Abfolge der Personalpronomen *le(s)* + *lo(s)* / *la(s)* wird zu *se* + *lo(s)* bzw. *se la(s)*.**
   ***Se* ist hier nicht reflexiv (= sich), sondern ersetzt *le(s)*:**

   Se lo doy mañana. (*~~Le le~~ doy mañana.)

   Achtung: Im Französischen stehen die Pronomen in umgekehrter Reihenfolge: Je le lui donne demain.

3. **Obwohl die Adjektive *loco* und *muerto* keine vorübergehende Eigenschaft beschreiben, werden sie mit *estar* verwendet:**

   Don Quijote estaba loco.
   Don Quijote war verrückt.

   Mi abuelo está muerto.
   Mein Großvater ist tot.

4. **Um die „Qualität" anzugeben, kann man *ser* + *bueno / -a* bzw. *malo / -a* oder *estar* + *bien / mal* verwenden:**

   La película es muy buena.
   La película está muy bien.
   Der Film ist sehr gut.

   La situación es mala.
   La situación está mal.
   Die Lage ist schlecht.

5. ***Hay* wird nur im Singular verwendet:**

   En la sala hay un televisor.
   Im Wohnzimmer steht ein Fernseher.

   En la sala hay dos televisores.
   Im Wohnzimmer stehen zwei Fernseher.

6. **Nützliche, spezifisch spanische Verbalperiphrasen:**

acabo de leer:	ich habe gerade gelesen	**sigo leyendo:**	ich lese weiter
estoy leyendo:	ich lese gerade	**voy a leer:**	ich lese gleich
estoy para leer:	ich bin drauf und dran zu lesen	**voy leyendo:**	ich lese allmählich
estoy por leer:	ich bekomme Lust zu lesen	**vuelvo a leer:**	ich lese noch mal

Zahlen und Uhrzeit Las cifras y la hora

Es gibt unveränderliche Zahlwörter und solche, die in Geschlecht (männlich und weiblich) und Zahl (Singular und Plural) variieren.

En Colombia hay más de tres mil doscientas especies de mariposas.

§ 24.1 Die Grundzahlen Los números cardinales

—Pasó el veintiocho de abril de dos mil doce.

0	cero
1	uno
2	dos
3	tres
4	cuatro
5	cinco
6	seis
7	siete
8	ocho
9	nueve
10	diez

11	once
12	doce
13	trece
14	catorce
15	quince
16	dieciséis
17	diecisiete
18	dieciocho
19	diecinueve
20	veinte

21	veintiuno
22	veintidós
23	veintitrés
24	veinticuatro
25	veinticinco
26	veintiséis
27	veintisiete
28	veintiocho
29	veintinueve
30	treinta

31	treinta y uno
32	treinta y dos
33	treinta y tres
40	cuarenta
50	cincuenta
60	sesenta
70	setenta
80	ochenta
90	noventa
100	cien

101	ciento uno
102	ciento dos
200	doscientos
300	trescientos
400	cuatrocientos
500	quinientos
600	seiscientos
700	setecientos
800	ochocientos
900	novecientos
1000	mil

1001	mil uno
1002	mil dos
1100	mil cien
1500	mil quinientos
2000	dos mil
3000	tres mil
5154	cinco mil ciento cincuenta y cuatro
9314	nueve mil trescientos catorce
1.000.000	un millón
2.000.000	dos millones
1 Billion	un billón

Bei den Zahlen wird die Präposition *y* nur nach Zehnerzahlen verwendet:
- *cincuenta y nueve* (59),
- *cuarenta y tres mil* (43.000).

Aber: *dos mil uno* (2001)!

veintiún toros
21 Stiere

treinta y una vacas
31 Kühe

doscientos euros
200 Euro

quinientas quince libras
515 Pfund

Die Zahlen, die auf *un* / *una* enden, und die Zahlen mit *-cientos* / *-cientas* passen ihr Geschlecht an das Substantiv an.

§ 24.2 Die Ordnungszahlen Los números ordinales

1º / 1ª	primero / primera	7º / 7ª	séptimo / séptima
2º / 2ª	segundo / segunda	8º / 8ª	octavo / octava
3º / 3ª	tercero / tercera	9º / 9ª	noveno / novena
4º / 4ª	cuarto / cuarta	10º / 10ª	décimo / décima
5º / 5ª	quinto / quinta	11º / 11ª	undécimo / undécima
6º / 6ª	sexto / sexta	12º / 12ª	duodécimo / duodécima

Ordnungszahlen stehen vor dem Substantiv und passen sich in Geschlecht und Zahl an dieses an:
- el quinto piso,
- las segundas partes.

Hoy es mi primer / tercer día en Bogotá.
Heute ist mein erster / dritter Tag in Bogota.

Primero und *tercero* werden vor männlichen Substantiven im Singular verkürzt.

Leo el capítulo veintidós / vigésimo segundo capítulo.
Ich lese das Kapitel 22 / das 22. Kapitel.

Anstatt der Ordnungszahlen werden ab 13 meist die Grundzahlen verwendet. Sie sind dann nachgestellt.

§ 24.3 Die römischen Zahlen Los números romanos

—Vivimos en el siglo XXI.

Römische Zahlen

América se descubrio en el siglo XV.
Amerika wurde im 15. Jahrhundert entdeckt.

Juan Carlos I (= primero) es el rey de España.
Juan Carlos I (= der Erste) ist der König von Spanien.

Römische Zahlen werden verwendet:
- für die Jahrhunderte und
- für Könige und Päpste. Diese werden – anders als im Deutschen – ohne Artikel vor der Zahl gesprochen.

Erik el Rojo llegó a América en el siglo X (= décimo) y Colón en el siglo XV (= quince).
Erik der Rote kam im 10. und Kolumbus im 15. Jahrhundert nach Amerika.

Bis zur Zahl X (= 10) liest man üblicherweise die Zahl als Ordnungszahl.

§ 24.4 Mengenangaben, Brüche und Kollektivzahlen
Las cantidades, las fracciones y los números colectivos

—Quiero un par de tomates y un cuarto de kilo de jamón.

Mengenangaben	
1 kg	un kilo de pepinos
¼ kg	un cuarto de kilo de carne
1 ½ kg	un kilo y medio de cebollas
2 l	dos litros de zumo de naranja
½ l	medio litro de vino
100 g	cien gramos de jamón

Substantive, die auf Mengenangaben folgen, werden mit der Präposition *de* angeschlossen.

un kilo de tomates
ein Kilo __ Tomaten

dos kilos de tomates
zwei Kilo __ __ Tomaten

Im Gegensatz zum Spanischen kennt das Deutsche bei Maß- und Mengenangaben keine Pluralform. Die Substantive werden direkt angeschlossen.

Bruchzahlen

Un tercio / una tercera parte de los estudiantes suspendió el examen.
Ein Drittel der Studenten fiel durch die Prüfung.

La superficie lunar es un catorceavo de la terrestre.
Die Mondoberfläche beträgt ein Vierzehntel der Erdoberfläche.

Bruchteile werden oft mit dem Wort *parte* ergänzt.
Ab 1/11 wird die Endung *-avo* verwendet.

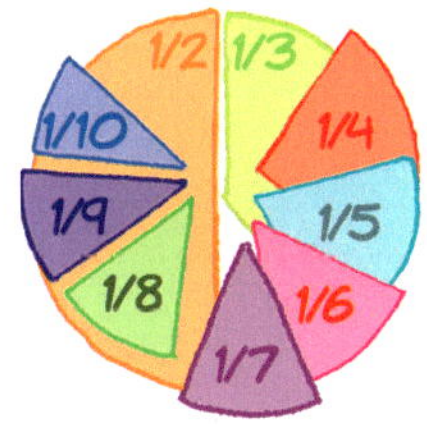

El / Un 40 por ciento de los jóvenes está en paro.
__ 40 Prozent der Jugendlichen sind arbeitslos.

Prozentangaben werden normalerweise mit Begleiter im Singular verwendet.

Kollektivzahlen

2	Quiero un par de pantalones.
10	Había unas decenas de personas.
12	Necesito una docena de huevos.
100	Veo a cientos / centenares de personas.
1000	Filipinas tiene miles / millares de islas.

Kollektivzahlen werden ebenfalls mit der Präposition *de* verwendet.

§ 24.5 Die Uhrzeit La hora

¿Qué hora es?

Es la una. Es la una y cuarto.
Son las siete y media.
Son las ocho menos cuarto.
Son las ocho menos diez.

Die Uhrzeit wird auf Spanisch immer mit dem bestimmten Begleiter *la / las* genannt. Ist die Uhrzeit *la una* (*en punto*, *y diez*, *menos cuarto* usw.), steht das Verb im Singular.

Voy al cine a las ocho de la tarde.
Je vais au cinéma à huit heures du soir.

Wird die Uhrzeit mit der Angabe *mañana*, *mediodía*, *tarde* oder *noche* ergänzt, verwendet man die Präposition *de*.

Para evitar errores . . .

1. **Für die Monatstage benutzt man die Grundzahlen. Nur der Erste lässt auch die Ordnungszahl zu:**

   Hoy es el uno / primero de abril.
   Aujourd'hui, c'est le premier avril.

   Hoy es el dos de abril.
   Aujourd'hui, c'est le deux avril.

2. ***Un / una* steht direkt vor dem Substantiv, auf das es sich bezieht. In den anderen Fällen steht *uno*:**

   un niño, una niña, veintiún días, treinta y una semanas
   un uno por ciento (1 %), veintiuno coma cinco (21,5), el número ochenta y uno

3. **Wenn die Uhrzeit nicht genannt wird, steht vor *tarde*, *mañana* und *noche* die Präposition *por* und vor *mediodía* und *medianoche* die Präposition *a*:**

El tren llegó por la noche.	Le train est arrivé dans la nuit.	Der Zug kam nachts an.
El tren llegó a medianoche.	Le train est arrivé à minuit.	Der Zug kam um Mitternacht an.

Los verbos

Die folgenden Tabellen geben Ihnen einen Überblick über die Verbkonjugationen. Unter „Regelmäßige Verben" finden Sie alle regelmäßigen Verbformen. Unter „Unregelmäßige Verben" finden Sie alle Verben mit orthographischen Änderungen, Gruppenverben und unregelmäßige Verben in alphabetischer Reihenfolge. Bei einigen Verben wird auf das Konjugationsmuster anderer Verben verwiesen, die gleich konjugiert werden.

Los verbos regulares Regelmäßige Verben

1. Verben auf *-ar*

presente de indicativo	pretérito indefinido	pretérito imperfecto	futuro simple	condicional simple	presente de subjuntivo	imperfecto de subjuntivo	imperativo
noto	noté	notaba	notaré	notaría	note	notara	nota
notas	notaste	notabas	notarás	notarías	notes	notaras	notad
nota	notó	notaba	notará	notaría	note	notara	**participio**
notamos	notamos	notábamos	notaremos	notaríamos	notemos	notáramos	notado
notáis	notasteis	notabais	notaréis	notaríais	notéis	notarais	**gerundio**
notan	notaron	notaban	notarán	notarían	noten	notaran	notando

2. Verben auf *-er*

presente de indicativo	pretérito indefinido	pretérito imperfecto	futuro simple	condicional simple	presente de subjuntivo	imperfecto de subjuntivo	imperativo
corro	corrí	corría	correré	correría	corra	corriera	corre
corres	corriste	corrías	correrás	correrías	corras	corrieras	corred
corre	corrió	corría	correrá	correría	corra	corriera	**participio**
corremos	corrimos	corríamos	correremos	correríamos	corramos	corriéramos	corrido
corréis	corristeis	corríais	correréis	correríais	corráis	corrierais	**gerundio**
corren	corrieron	corrían	correrán	correrían	corran	corrieran	corriendo

3. Verben auf *-ir*

presente de indicativo	pretérito indefinido	pretérito imperfecto	futuro simple	condicional simple	presente de subjuntivo	imperfecto de subjuntivo	imperativo
existo	existí	existía	existiré	existiría	exista	existiera	existe
existes	exististe	existías	existirás	existirías	existas	existieras	existid
existe	existió	existía	existirá	existiría	exista	existiera	**participio**
existimos	existimos	existíamos	existiremos	existiríamos	existamos	existiéramos	existido
existís	exististeis	existíais	existiréis	existiríais	existáis	existierais	**gerundio**
existen	existieron	existían	existirán	existirían	existan	existieran	existiendo
Ebenso: describir, mit Ausnahme des Partizips: descrito; descubrir, mit Ausnahme des Partizips: descubierto; escribir, mit Ausnahme des Partizips: escrito							

Los verbos reflexivos Reflexive Verben

4. alegrarse

presente de indicativo	pretérito indefinido	pretérito imperfecto	futuro simple	condicional simple	presente de subjuntivo	imperfecto de subjuntivo	imperativo
me alegro	me alegré	me alegraba	me alegraré	me alegraría	me alegre	me alegrara	alégrate
te alegras	te alegraste	te alegrabas	te alegrarás	te alegrarías	te alegres	te alegraras	alegraos
se alegra	se alegró	se alegraba	se alegrará	se alegraría	se alegre	se alegrara	**participio**
nos alegramos	nos alegramos	nos alegrábamos	nos alegraremos	nos alegraríamos	nos alegremos	nos alegráramos	alegrado
os alegráis	os alegrasteis	os alegrabais	os alegraréis	os alegraríais	os alegréis	os alegrarais	**gerundio**
se alegran	se alegraron	se alegraban	se alegrarán	se alegrarían	se alegren	se alegraran	alegrándose

Los verbos irregulares Unregelmäßige Verben

5. almorzar (-ue- / z-c)

presente de indicativo	pretérito indefinido	pretérito imperfecto	futuro simple	condicional simple	presente de subjuntivo	imperfecto de subjuntivo	imperativo
almuerzo	almorcé	almorzaba	almorzaré	almorzaría	almuerce	almorzara	almuerza
almuerzas	almorzaste	almorzabas	almorzarás	almorzarías	almuerces	almorzaras	almorzad
almuerza	almorzó	almorzaba	almorzará	almorzaría	almuerce	almorzara	**participio**
almorzamos	almorzamos	almorzábamos	almorzaremos	almorzaríamos	almorcemos	almorzáramos	almorzado
almorzáis	almorzasteis	almorzabais	almorzaréis	almorzaríais	almorcéis	almorzarais	**gerundio**
almuerzan	almorzaron	almorzaban	almorzarán	almorzarían	almuercen	almorzaran	almorzando

6. buscar (c-qu)

presente de indicativo	pretérito indefinido	pretérito imperfecto	futuro simple	condicional simple	presente de subjuntivo	imperfecto de subjuntivo	imperativo
busco	busqué	buscaba	buscaré	buscaría	busque	buscara	busca
buscas	buscaste	buscabas	buscarás	buscarías	busques	buscaras	buscad
busca	buscó	buscaba	buscará	buscaría	busque	buscara	**participio**
buscamos	buscamos	buscábamos	buscaremos	buscaríamos	busquemos	buscáramos	buscado
buscáis	buscasteis	buscabais	buscaréis	buscaríais	busquéis	buscarais	**gerundio**
buscan	buscaron	buscaban	buscarán	buscarían	busquen	buscaran	buscando

Ebenso: abdicar, arrancar, atacar, criticar, comunicarse, aber reflexiv (imperativo: comunícate, comunicaos; gerundio: comunicándose); destacar, equivocarse, identificarse, indicar, justificar, modificar, perjudicar, practicar, provocar, publicar, sacar, tocar

7. caerse

presente de indicativo	pretérito indefinido	pretérito imperfecto	futuro simple	condicional simple	presente de subjuntivo	imperfecto de subjuntivo	imperativo
me caigo	me caí	me caía	me caeré	me caería	me caiga	me cayera	cáete
te caes	te caíste	te caías	te caerás	te caerías	te caigas	te cayeras	caeos
se cae	se cayó	se caía	se caerá	se caería	se caiga	se cayera	**participio**
nos caemos	nos caímos	nos caíamos	nos caeremos	nos caeríamos	nos caigamos	nos cayéramos	caído
os caéis	os caísteis	os caíais	os caeréis	os caeríais	os caigáis	os cayerais	**gerundio**
se caen	se cayeron	se caían	se caerán	se caerían	se caigan	se cayeran	cayéndose

8. **coger** (g-j)

presente de indicativo	pretérito indefinido	pretérito imperfecto	futuro simple	condicional simple	presente de subjuntivo	imperfecto de subjuntivo	imperativo
cojo	cogí	cogía	cogeré	cogería	coja	cogiera	coge
coges	cogiste	cogías	cogerás	cogerías	cojas	cogieras	coged
coge	cogió	cogía	cogerá	cogería	coja	cogiera	**participio**
cogemos	cogimos	cogíamos	cogeremos	cogeríamos	cojamos	cogiéramos	cogido
cogéis	cogisteis	cogíais	cogeréis	cogeríais	cojáis	cogierais	**gerundio**
cogen	cogieron	cogían	cogerán	cogerían	cojan	cogieran	cogiendo
Ebenso: acoger, recoger							

9. **conducir** (-zco / c-j)

presente de indicativo	pretérito indefinido	pretérito imperfecto	futuro simple	condicional simple	presente de subjuntivo	imperfecto de subjuntivo	imperativo
conduzco	conduje	conducía	conduciré	conduciría	conduzca	condujera	conduce
conduces	condujiste	conducías	conducirás	conducirías	conduzcas	condujeras	conducid
conduce	condujo	conducía	conducirá	conduciría	conduzca	condujera	**participio**
conducimos	condujimos	conducíamos	conduciremos	conduciríamos	conduzcamos	condujéramos	conducido
conducís	condujisteis	conducíais	conduciréis	conduciríais	conduzcáis	condujerais	**gerundio**
conducen	condujeron	conducían	conducirán	conducirían	conduzcan	condujeran	conduciendo
Ebenso: producir, reducir, traducir							

10. **conocer** (-zco)

presente de indicativo	pretérito indefinido	pretérito imperfecto	futuro simple	condicional simple	presente de subjuntivo	imperfecto de subjuntivo	imperativo
conozco	conocí	conocía	conoceré	conocería	conozca	conociera	conoce
conoces	conociste	conocías	conocerás	conocerías	conozcas	conocieras	conoced
conoce	conoció	conocía	conocerá	conocería	conozca	conociera	**participio**
conocemos	conocimos	conocíamos	conoceremos	conoceríamos	conozcamos	conociéramos	conocido
conocéis	conocisteis	conocíais	conoceréis	conoceríais	conozcáis	conocierais	**gerundio**
conocen	conocieron	conocían	conocerán	conocerían	conozcan	conocieran	conociendo
Ebenso: abastecer, aparecer, carecer, crecer, desaparecer, entristecer, envejecer, establecer, introducir, nacer, ofrecer, parecerse, aber reflexiv (imperativo: parécete, pareceos; gerundio: pareciéndose); pertenecer, reconocer							

11. **construir** (-y-)

presente de indicativo	pretérito indefinido	pretérito imperfecto	futuro simple	condicional simple	presente de subjuntivo	imperfecto de subjuntivo	imperativo
construyo	construí	construía	construiré	construiría	construya	construyera	construye
construyes	construiste	construías	construirás	construirías	construyas	construyeras	construid
construye	construyó	construía	construirá	construiría	construya	construyera	**participio**
construimos	construimos	construíamos	construiremos	construiríamos	construyamos	construyéramos	construido
construís	construisteis	construíais	construiréis	construiríais	construyáis	construyerais	**gerundio**
construyen	construyeron	construían	construirán	construirían	construyan	construyeran	construyendo
Ebenso: constituir, destruir, huir, sustituir							

12. contar (-ue-)

presente de indicativo	pretérito indefinido	pretérito imperfecto	futuro simple	condicional simple	presente de subjuntivo	imperfecto de subjuntivo	imperativo
cuento	conté	contaba	contaré	contaría	cuente	contara	cuenta
cuentas	contaste	contabas	contarás	contarías	cuentes	contaras	contad
cuenta	contó	contaba	contará	contaría	cuente	contara	**participio**
contamos	contamos	contábamos	contaremos	contaríamos	contemos	contáramos	contado
contáis	contasteis	contabais	contaréis	contaríais	contéis	contarais	**gerundio**
cuentan	contaron	contaban	contarán	contarían	cuenten	contaran	contando

Ebenso: acordarse, aber reflexiv (imperativo: acuérdate, acordaos; gerundio: acordándose); acostarse, aber reflexiv (imperativo: acuéstate, acostaos; gerundio: acostándose), aprobar, comprobar, costar, demostrar, encontrar, encontrarse, aber reflexiv (imperativo: encuéntrate, encontraos; gerundio: encontrándose); mostrar, probar, recordar, soñar, volar

13. dar

presente de indicativo	pretérito indefinido	pretérito imperfecto	futuro simple	condicional simple	presente de subjuntivo	imperfecto de subjuntivo	imperativo
doy	di	daba	daré	daría	dé	diera	da
das	diste	dabas	darás	darías	des	dieras	dad
da	dio	daba	dará	daría	dé	diera	**participio**
damos	dimos	dábamos	daremos	daríamos	demos	diéramos	dado
dais	disteis	dabais	daréis	daríais	deis	dierais	**gerundio**
dan	dieron	daban	darán	darían	den	dieran	dando

14. decir

presente de indicativo	pretérito indefinido	pretérito imperfecto	futuro simple	condicional simple	presente de subjuntivo	imperfecto de subjuntivo	imperativo
digo	dije	decía	diré	diría	diga	dijera	di
dices	dijiste	decías	dirás	dirías	digas	dijeras	decid
dice	dijo	decía	dirá	diría	diga	dijera	**participio**
decimos	dijimos	decíamos	diremos	diríamos	digamos	dijéramos	dicho
decís	dijisteis	decíais	diréis	diríais	digáis	dijerais	**gerundio**
dicen	dijeron	decían	dirán	dirían	digan	dijeran	diciendo

15. dirigirse (g-j)

presente de indicativo	pretérito indefinido	pretérito imperfecto	futuro simple	condicional simple	presente de subjuntivo	imperfecto de subjuntivo	imperativo
me dirijo	me dirigí	me dirigía	me dirigiré	me dirigiría	me dirija	me dirigiera	dirígete
te diriges	te dirigiste	te dirigías	te dirigirás	te dirigirías	te dirijas	te dirigieras	dirigíos
se dirige	se dirigió	se dirigía	se dirigirá	se dirigiría	se dirija	se dirigiera	**participio**
nos dirigimos	nos dirigimos	nos dirigíamos	nos dirigiremos	nos dirigiríamos	nos dirijamos	nos dirigiéramos	dirigido
os dirigís	os dirigisteis	os dirigíais	os dirigiréis	os dirigiríais	os dirijáis	os dirigierais	**gerundio**
se dirigen	se dirigieron	se dirigían	se dirigirán	se dirigirían	se dirijan	se dirigieran	dirigiéndose

Ebenso: exigir

16. dormir (-ue- / -u-)

presente de indicativo	pretérito indefinido	pretérito imperfecto	futuro simple	condicional simple	presente de subjuntivo	imperfecto de subjuntivo	imperativo
duermo	dormí	dormía	dormiré	dormiría	duerma	durmiera	duerme
duermes	dormiste	dormías	dormirás	dormirías	duermas	durmieras	dormid
duerme	durmió	dormía	dormirá	dormiría	duerma	durmiera	**participio**
dormimos	dormimos	dormíamos	dormiremos	dormiríamos	durmamos	durmiéramos	dormido
dormís	dormisteis	dormíais	dormiréis	dormiríais	durmáis	durmierais	**gerundio**
duermen	durmieron	dormían	dormirán	dormirían	duerman	durmieran	durmiendo

Ebenso: morir

17. elegir (-i-/-i-; g-j)

presente de indicativo	pretérito indefinido	pretérito imperfecto	futuro simple	condicional simple	presente de subjuntivo	imperfecto de subjuntivo	imperativo
elijo	elegí	elegía	elegiré	elegiría	elija	eligiera	elige
eliges	elegiste	elegías	elegirás	elegirías	elijas	eligieras	elegid
elige	eligió	elegía	elegirá	elegiría	elija	eligiera	**participio**
elegimos	elegimos	elegíamos	elegiremos	elegiríamos	elijamos	eligiéramos	elegido
elegís	elegisteis	elegíais	elegiréis	elegiríais	elijáis	eligierais	**gerundio**
eligen	eligieron	elegían	elegirán	elegirían	elijan	eligieran	eligiendo

18. empezar (-ie- / z-c)

presente de indicativo	pretérito indefinido	pretérito imperfecto	futuro simple	condicional simple	presente de subjuntivo	imperfecto de subjuntivo	imperativo
empiezo	empecé	empezaba	empezaré	empezaría	empiece	empezara	empieza
empiezas	empezaste	empezabas	empezarás	empezarías	empieces	empezaras	empezad
empieza	empezó	empezaba	empezará	empezaría	empiece	empezara	**participio**
empezamos	empezamos	empezábamos	empezaremos	empezaríamos	empecemos	empezáramos	empezado
empezáis	empezasteis	empezabais	empezaréis	empezaríais	empecéis	empezarais	**gerundio**
empiezan	empezaron	empezaban	empezarán	empezarían	empiecen	empezaran	empezando
Ebenso: comenzar							

19. entender (-ie-)

presente de indicativo	pretérito indefinido	pretérito imperfecto	futuro simple	condicional simple	presente de subjuntivo	imperfecto de subjuntivo	imperativo
entiendo	entendí	entendía	entenderé	entendería	entienda	entendiera	entiende
entiendes	entendiste	entendías	entenderás	entenderías	entiendas	entendieras	entended
entiende	entendió	entendía	entenderá	entendería	entienda	entendiera	**participio**
entendemos	entendimos	entendíamos	entenderemos	entenderíamos	entendamos	entendiéramos	entendido
entendéis	entendisteis	entendíais	entenderéis	entenderíais	entendáis	entendierais	**gerundio**
entienden	entendieron	entendían	entenderán	entenderían	entiendan	entendieran	entendiendo
Ebenso: defender, encender, perder							

20. enviar (-ío-)

presente de indicativo	pretérito indefinido	pretérito imperfecto	futuro simple	condicional simple	presente de subjuntivo	imperfecto de subjuntivo	imperativo
envío	envié	enviaba	enviaré	enviaría	envíe	enviara	envía
envías	enviaste	enviabas	enviarás	enviarías	envíes	enviaras	enviad
envía	envió	enviaba	enviará	enviaría	envíe	enviara	**participio**
enviamos	enviamos	enviábamos	enviaremos	enviaríamos	enviemos	enviáramos	enviado
enviáis	enviasteis	enviabais	enviaréis	enviaríais	enviéis	enviarais	**gerundio**
envían	enviaron	enviaban	enviarán	enviarían	envíen	enviaran	enviando

21. estar

presente de indicativo	pretérito indefinido	pretérito imperfecto	futuro simple	condicional simple	presente de subjuntivo	imperfecto de subjuntivo	imperativo
estoy	estuve	estaba	estaré	estaría	esté	estuviera	está
estás	estuviste	estabas	estarás	estarías	estés	estuvieras	estad
está	estuvo	estaba	estará	estaría	esté	estuviera	**participio**
estamos	estuvimos	estábamos	estaremos	estaríamos	estemos	estuviéramos	estado
estáis	estuvisteis	estabais	estaréis	estaríais	estéis	estuvierais	**gerundio**
están	estuvieron	estaban	estarán	estarían	estén	estuvieran	estando

22. freír

presente de indicativo	pretérito indefinido	pretérito imperfecto	futuro simple	condicional simple	presente de subjuntivo	imperfecto de subjuntivo	imperativo
frio	freí	freía	freiré	freiría	fría	friera	fríe
fries	freíste	freías	freirás	freirías	frías	frieras	freíd
frie	frió	freía	freirá	freiría	fría	friera	**participio**
freímos	freímos	freíamos	freiremos	freiríamos	friamos	friéramos	frito
freís	freísteis	freíais	freiréis	freiríais	friáis	frierais	freído
frien	frieron	freían	freirán	freirían	frían	frieran	**gerundio**
							friendo

23. haber

presente de indicativo	pretérito indefinido	pretérito imperfecto	futuro simple	condicional simple	presente de subjuntivo	imperfecto de subjuntivo	imperativo
he	hube	había	habré	habría	haya	hubiera	–
has	hubiste	habías	habrás	habrías	hayas	hubieras	**participio**
ha / hay (es gibt)	hubo	había	habrá	habría	haya	hubiera	habido
hemos	hubimos	habíamos	habremos	habríamos	hayamos	hubiéramos	**gerundio**
habéis	hubisteis	habíais	habréis	habríais	hayáis	hubierais	habiendo
han	hubieron	habían	habrán	habrían	hayan	hubieran	

24. hacer

presente de indicativo	pretérito indefinido	pretérito imperfecto	futuro simple	condicional simple	presente de subjuntivo	imperfecto de subjuntivo	imperativo
hago	hice	hacía	haré	haría	haga	hiciera	haz
haces	hiciste	hacías	harás	harías	hagas	hicieras	haced
hace	hizo	hacía	hará	haría	haga	hiciera	**participio**
hacemos	hicimos	hacíamos	haremos	haríamos	hagamos	hiciéramos	hecho
hacéis	hicisteis	hacíais	haréis	haríais	hagáis	hicierais	**gerundio**
hacen	hicieron	hacían	harán	harían	hagan	hicieran	haciendo
Ebenso: hacerse, aber reflexiv (imperativo: hazte, haceos; gerundio: haciéndose)							

25. ir

presente de indicativo	pretérito indefinido	pretérito imperfecto	futuro simple	condicional simple	presente de subjuntivo	imperfecto de subjuntivo	imperativo
voy	fui	iba	iré	iría	vaya	fuera	ve
vas	fuiste	ibas	irás	irías	vayas	fueras	id
va	fue	iba	irá	iría	vaya	fuera	**participio**
vamos	fuimos	íbamos	iremos	iríamos	vayamos	fuéramos	ido
vais	fuisteis	ibais	iréis	iríais	vayáis	fuerais	**gerundio**
van	fueron	iban	irán	irían	vayan	fueran	yendo

26. jugar (-ue- / g-gu)

presente de indicativo	pretérito indefinido	pretérito imperfecto	futuro simple	condicional simple	presente de subjuntivo	imperfecto de subjuntivo	imperativo
juego	jugué	jugaba	jugaré	jugaría	juegue	jugara	juega
juegas	jugaste	jugabas	jugarás	jugarías	juegues	jugaras	jugad
juega	jugó	jugaba	jugará	jugaría	juegue	jugara	**participio**
jugamos	jugamos	jugábamos	jugaremos	jugaríamos	juguemos	jugáramos	jugado
jugáis	jugasteis	jugabais	jugaréis	jugaríais	juguéis	jugarais	**gerundio**
juegan	jugaron	jugaban	jugarán	jugarían	jueguen	jugaran	jugando

27. leer

presente de indicativo	pretérito indefinido	pretérito imperfecto	futuro simple	condicional simple	presente de subjuntivo	imperfecto de subjuntivo	imperativo
leo	leí	leía	leeré	leería	lea	leyera	lee
lees	leíste	leías	leerás	leerías	leas	leyeras	leed
lee	leyó	leía	leerá	leería	lea	leyera	**participio**
leemos	leímos	leíamos	leeremos	leeríamos	leamos	leyéramos	leído
leéis	leísteis	leíais	leeréis	leeríais	leáis	leyerais	**gerundio**
leen	leyeron	leían	leerán	leerían	lean	leyeran	leyendo

Ebenso: creer, poseer

28. llegar (g-gu)

presente de indicativo	pretérito indefinido	pretérito imperfecto	futuro simple	condicional simple	presente de subjuntivo	imperfecto de subjuntivo	imperativo
llego	llegué	llegaba	llegaré	llegaría	llegue	llegara	llega
llegas	llegaste	llegabas	llegarás	llegarías	llegues	llegaras	llegad
llega	llegó	llegaba	llegará	llegaría	llegue	llegara	**participio**
llegamos	llegamos	llegábamos	llegaremos	llegaríamos	lleguemos	llegáramos	llegado
llegáis	llegasteis	llegabais	llegaréis	llegaríais	lleguéis	llegarais	**gerundio**
llegan	llegaron	llegaban	llegarán	llegarían	lleguen	llegaran	llegando

Ebenso: arriesgarse, aber reflexiv (imperativo: arriésgate, arriesgaos; gerundio: arriesgándose); castigar, entregar, juzgar, largarse, aber reflexiv (imperativo: lárgate, largaos; gerundio: largándose); obligar, recargar, regar

29. llover (-ue-)

presente de indicativo	pretérito indefinido	pretérito imperfecto	futuro simple	condicional simple	presente de subjuntivo	imperfecto de subjuntivo	imperativo
–	–	–	–	–	–	–	–
–	–	–	–	–	–	–	**participio**
llueve	llovió	llovía	lloverá	llovería	llueva	lloviera	llovido
–	–	–	–	–	–	–	**gerundio**
–	–	–	–	–	–	–	lloviendo
–	–	–	–	–	–	–	

30. nevar (-ie-)

presente de indicativo	pretérito indefinido	pretérito imperfecto	futuro simple	condicional simple	presente de subjuntivo	imperfecto de subjuntivo	imperativo
–	–	–	–	–	–	–	–
–	–	–	–	–	–	–	**participio**
nieva	nevó	nevaba	nevará	nevaría	nieve	nevara	nevado
–	–	–	–	–	–	–	**gerundio**
–	–	–	–	–	–	–	nevando
–	–	–	–	–	–	–	

31. oír

presente de indicativo	pretérito indefinido	pretérito imperfecto	futuro simple	condicional simple	presente de subjuntivo	imperfecto de subjuntivo	imperativo
oigo	oí	oía	oiré	oiría	oiga	oiga	oye
oyes	oíste	oías	oirás	oirías	oigas	oigas	oid
oye	oyó	oía	oirá	oiría	oiga	oiga	**participio**
oímos	oímos	oíamos	oiremos	oiríamos	oigamos	oigamos	oído
oís	oísteis	oíais	oirés	oiríais	oigáis	oigáis	**gerundio**
oyen	oyeron	oían	oirán	oirían	oigan	oigan	oyendo

32. pedir (-i- / -i-)

presente de indicativo	pretérito indefinido	pretérito imperfecto	futuro simple	condicional simple	presente de subjuntivo	imperfecto de subjuntivo	imperativo
pido	pedí	pedía	pediré	pediría	pida	pidiera	pide
pides	pediste	pedías	pedirás	pedirías	pidas	pidieras	pedid
pide	pidió	pedía	pedirá	pediría	pida	pidiera	**participio**
pedimos	pedimos	pedíamos	pediremos	pediríamos	pidamos	pidiéramos	pedido
pedís	pedisteis	pedíais	pediréis	pediríais	pidáis	pidierais	**gerundio**
piden	pidieron	pedían	pedirán	pedirían	pidan	pidieran	pidiendo

Ebenso: despedirse, aber reflexiv (imperativo: despídete, despedíos; gerundio: despidiéndose); impedir, sevir, vestir

33. poder

presente de indicativo	pretérito indefinido	pretérito imperfecto	futuro simple	condicional simple	presente de subjuntivo	imperfecto de subjuntivo	imperativo
puedo	pude	podía	podré	podría	pueda	pudiera	puede
puedes	pudiste	podías	podrás	podrías	puedas	pudieras	poded
puede	pudo	podía	podrá	podría	pueda	pudiera	**participio**
podemos	pudimos	podíamos	podremos	podríamos	podamos	pudiéramos	podido
podéis	pudisteis	podíais	podréis	podríais	podáis	pudierais	**gerundio**
pueden	pudieron	podían	podrán	podrían	puedan	pudieran	pudiendo

34. poner

presente de indicativo	pretérito indefinido	pretérito imperfecto	futuro simple	condicional simple	presente de subjuntivo	imperfecto de subjuntivo	imperativo
pongo	puse	ponía	pondré	pondría	ponga	pusiera	pon
pones	pusiste	ponías	pondrás	pondrías	pongas	pusieras	poned
pone	puso	ponía	pondrá	pondría	ponga	pusiera	**participio**
ponemos	pusimos	poníamos	pondremos	pondríamos	pongamos	pusiéramos	puesto
ponéis	pusisteis	poníais	pondréis	pondríais	pongáis	pusierais	**gerundio**
ponen	pusieron	ponían	pondrán	pondrían	pongan	pusieran	poniendo

Ebenso: imponer, ponerse, aber reflexiv (imperativo: ponte, poneos; gerundio: poniéndose), proponer, suponer

35. preferir (-ie- / -i-)

presente de indicativo	pretérito indefinido	pretérito imperfecto	futuro simple	condicional simple	presente de subjuntivo	imperfecto de subjuntivo	imperativo
prefiero	preferí	prefería	preferiré	preferiría	prefiera	prefiriera	prefiere
prefieres	preferiste	preferías	preferirás	preferirías	prefieras	prefirieras	preferid
prefiere	prefirió	prefería	preferirá	preferiría	prefiera	prefiriera	**participio**
preferimos	preferimos	preferíamos	preferiremos	preferiríamos	prefiramos	prefiriéramos	preferido
preferís	preferisteis	preferíais	preferiréis	preferiríais	prefiráis	prefirierais	**gerundio**
prefieren	prefirieron	preferían	preferirán	preferirían	prefieran	prefirieran	prefiriendo

Ebenso: convertirse, aber reflexiv (imperativo: conviértete, convertíos; gerundio: convirtiéndose); divertirse, aber reflexiv (imperativo: diviértete, divertíos; gerundio: divirtiéndose), sentir

36. prohibir

presente de indicativo	pretérito indefinido	pretérito imperfecto	futuro simple	condicional simple	presente de subjuntivo	imperfecto de subjuntivo	imperativo
prohíbo	prohibí	prohibía	prohibiré	prohibiría	prohíba	prohibiera	prohíbe
prohíbes	prohibiste	prohibías	prohibirás	prohibirías	prohíbas	prohibieras	prohibid
prohíbe	prohibió	prohibía	prohibirá	prohibirías	prohíba	prohibiera	**participio**
prohibimos	prohibimos	prohibíamos	prohibiremos	prohibiríamos	prohibamos	prohibiéramos	prohibido
prohibís	prohibisteis	prohibíais	prohibiréis	prohibiríais	prohibáis	prohibierais	**gerundio**
prohíben	prohibieron	prohibían	prohibirán	prohibirían	prohíban	prohibieran	prohibiendo

37. querer

presente de indicativo	pretérito indefinido	pretérito imperfecto	futuro simple	condicional simple	presente de subjuntivo	imperfecto de subjuntivo	imperativo
quiero	quise	quería	querré	querría	quiera	quisiera	quiere
quieres	quisiste	querías	querrás	querrías	quieras	quisieras	quered
quiere	quiso	quería	querrá	querría	quiera	quisiera	**participio**
queremos	quisimos	queríamos	querremos	querríamos	queramos	quisiéramos	querido
queréis	quisisteis	queríais	querréis	querríais	queráis	quisierais	**gerundio**
quieren	quisieron	querían	querrán	querrían	quieran	quisieran	queriendo

38. recomendar (-ie-)

presente de indicativo	pretérito indefinido	pretérito imperfecto	futuro simple	condicional simple	presente de subjuntivo	imperfecto de subjuntivo	imperativo
recomiendo	recomendé	recomendaba	recomendaré	recomendaría	recomiende	recomendara	recomienda
recomiendas	recomendaste	recomendabas	recomendarás	recomendarías	recomiendes	recomendaras	recomendad
recomienda	recomendó	recomendaba	recomendará	recomendaría	recomiende	recomendara	**participio**
recomendamos	recomendamos	recomendábamos	recomendaremos	recomendaríamos	recomendemos	recomendáramos	recomendado
recomendáis	recomendasteis	recomendabais	recomendaréis	recomendaríais	recomendéis	recomendarais	**gerundio**
recomiendan	recomendaron	recomendaban	recomendarán	recomendarían	recomienden	recomendaran	recomendando

Ebenso: cerrar, despertarse, aber reflexiv (imperativo: despiértate, despertaos; gerundio: despertándose); manifestarse, aber reflexiv (imperativo: manifiéstate, manifestaos; gerundio: manifestándose); pensar, sentarse, aber reflexiv (imperativo: siéntate, sentaos; gerundio: sentándose)

39. reírse

presente de indicativo	pretérito indefinido	pretérito imperfecto	futuro simple	condicional simple	presente de subjuntivo	imperfecto de subjuntivo	imperativo
me río	me reí	me reía	me reiré	me reiría	me ría	me riera	ríete
te ríes	te reíste	te reías	te reirás	te reirías	te rías	te rieras	reíos
se ríe	se rió	se reía	se reirá	se reiría	se ría	se riera	**participio**
nos reímos	nos reímos	nos reíamos	nos reiremos	nos reiríamos	nos riamos	nos riéramos	reído
os reís	os reísteis	os reíais	os reiréis	os reiríais	os riáis	os rierais	**gerundio**
se ríen	se rieron	se reían	se reirán	se reirían	se rían	se rieran	riéndose

Ebenso: sonreír

40. saber

presente de indicativo	pretérito indefinido	pretérito imperfecto	futuro simple	condicional simple	presente de subjuntivo	imperfecto de subjuntivo	imperativo
sé	supe	sabía	sabré	sabría	sepa	supiera	sabe
sabes	supiste	sabías	sabrás	sabrías	sepas	supieras	sabed
sabe	supo	sabía	sabrá	sabría	sepa	supiera	**participio**
sabemos	supimos	sabíamos	sabremos	sabríamos	sepamos	supiéramos	sabido
sabéis	supisteis	sabíais	sabréis	sabríais	sepáis	supierais	**gerundio**
saben	supieron	sabían	sabrán	sabrían	sepan	supieran	sabiendo

41. salir

presente de indicativo	pretérito indefinido	pretérito imperfecto	futuro simple	condicional simple	presente de subjuntivo	imperfecto de subjuntivo	imperativo
salgo	salí	salía	saldré	saldría	salga	saliera	sal
sales	saliste	salías	saldrás	saldrías	salgas	salieras	salid
sale	salió	salía	saldrá	saldría	salga	saliera	**participio**
salimos	salimos	salíamos	saldremos	saldríamos	salgamos	saliéramos	salido
salís	salisteis	salíais	saldréis	saldríais	salgáis	salierais	**gerundio**
salen	salieron	salían	saldrán	saldrían	salgan	salieran	saliendo

42. seguir (-i- / -i- / gu-g)

presente de indicativo	pretérito indefinido	pretérito imperfecto	futuro simple	condicional simple	presente de subjuntivo	imperfecto de subjuntivo	imperativo
sigo	seguí	seguía	seguiré	seguiría	siga	siguiera	sigue
sigues	seguiste	seguías	seguirás	seguirías	sigas	siguieras	seguid
sigue	siguió	seguía	seguirá	seguiría	siga	siguiera	**participio**
seguimos	seguimos	seguíamos	seguiremos	seguiríamos	sigamos	siguiéramos	seguido
seguís	seguisteis	seguíais	seguiréis	seguiríais	sigáis	siguierais	**gerundio**
siguen	siguieron	seguían	seguirán	seguirían	sigan	siguieran	siguiendo
Ebenso: conseguir, perseguir							

43. ser

presente de indicativo	pretérito indefinido	pretérito imperfecto	futuro simple	condicional simple	presente de subjuntivo	imperfecto de subjuntivo	imperativo
soy	fui	era	seré	sería	sea	fuera	sé
eres	fuiste	eras	serás	serías	seas	fueras	sed
es	fue	era	será	sería	sea	fuera	**participio**
somos	fuimos	éramos	seremos	seríamos	seamos	fuéramos	sido
sois	fuisteis	erais	seréis	seríais	seáis	fuerais	**gerundio**
son	fueron	eran	serán	serían	sean	fueran	siendo

44. tener

presente de indicativo	pretérito indefinido	pretérito imperfecto	futuro simple	condicional simple	presente de subjuntivo	imperfecto de subjuntivo	imperativo
tengo	tuve	tenía	tendré	tendría	tenga	tuviera	ten
tienes	tuviste	tenías	tendrás	tendrías	tengas	tuvieras	tened
tiene	tuvo	tenía	tendrá	tendríamos	tenga	tuviera	**participio**
tenemos	tuvimos	teníamos	tendremos	tendríais	tengamos	tuviéramos	tenido
tenéis	tuvisteis	teníais	tendréis	tendría	tengáis	tuvierais	**gerundio**
tienen	tuvieron	tenían	tendrán	tendrían	tengan	tuvieran	teniendo
Ebenso: detener, mantener, obtener							

45. traer

presente de indicativo	pretérito indefinido	pretérito imperfecto	futuro simple	condicional simple	presente de subjuntivo	imperfecto de subjuntivo	imperativo
traigo	traje	traía	traeré	traería	traiga	trajera	trae
traes	trajiste	traías	traerás	traerías	traigas	trajeras	traed
trae	trajo	traía	traerá	traería	traiga	trajera	**participio**
traemos	trajimos	traíamos	traeremos	traeríamos	traigamos	trajéramos	traído
traéis	trajisteis	traíais	traeréis	traeríais	traigáis	trajerais	**gerundio**
traen	trajeron	traían	traerán	traerían	traigan	trajeran	trayendo
Ebenso: atraer, extraer							

46. utilizar (z-c)

presente de indicativo	pretérito indefinido	pretérito imperfecto	futuro simple	condicional simple	presente de subjuntivo	imperfecto de subjuntivo	imperativo
utilizo	utilicé	utilizaba	utilizaré	utilizaría	utilice	utilizara	utiliza
utilizas	utilizaste	utilizabas	utilizarás	utilizarías	utilices	utilizaras	utilizad
utiliza	utilizó	utilizaba	utilizará	utilizaría	utilice	utilizara	**participio**
utilizamos	utilizamos	utilizábamos	utilizaremos	utilizaríamos	utilicemos	utilizáramos	utilizado
utilizáis	utilizasteis	utilizabais	utilizaréis	utilizaríais	utilicéis	utilizarais	**gerundio**
utilizan	utilizaron	utilizaban	utilizarán	utilizarían	utilicen	utilizaran	utilizando

Ebenso: actualizar, alcanzar, analizar, caracterizarse, aber reflexiv (imperativo: caracterízate, caracterizaos; gerundio: caracterizándose); cruzar, finalizar, independizarse, aber reflexiv (imperativo: idependízate, independizaos; gerundio: independizándose); organizar, organizarse, aber reflexiv (imperativo: organízate, organizaos; gerundio: organizándose); realizar, simbolizar

47. venir

presente de indicativo	pretérito indefinido	pretérito imperfecto	futuro simple	condicional simple	presente de subjuntivo	imperfecto de subjuntivo	imperativo
vengo	vine	venía	vendré	vendría	venga	viniera	ven
vienes	viniste	venías	vendrás	vendrías	vengas	vinieras	venid
viene	vino	venía	vendrá	vendría	venga	viniera	**participio**
venimos	vinimos	veníamos	vendremos	vendríamos	vengamos	viniéramos	venido
venís	vinisteis	veníais	vendréis	vendríais	vengáis	vinierais	**gerundio**
vienen	vinieron	venían	vendrán	vendrían	vengan	vinieran	viniendo

48. ver

presente de indicativo	pretérito indefinido	pretérito imperfecto	futuro simple	condicional simple	presente de subjuntivo	imperfecto de subjuntivo	imperativo
veo	vi	veía	veré	vería	vea	viera	ve
ves	viste	veías	verás	verías	veas	vieras	ved
ve	vio	veía	verá	vería	vea	viera	**participio**
vemos	vimos	veíamos	veremos	veríamos	veamos	viéramos	visto
veis	visteis	veíais	veréis	veríais	veáis	vierais	**gerundio**
ven	vieron	veían	verán	verían	vean	vieran	viendo

49. volver (-ue-)

presente de indicativo	pretérito indefinido	pretérito imperfecto	futuro simple	condicional simple	presente de subjuntivo	imperfecto de subjuntivo	imperativo
vuelvo	volví	volvía	volveré	volvería	vuelva	volviera	vuelve
vuelves	volviste	volvías	volverás	volverías	vuelvas	volvieras	volved
vuelve	volvió	volvía	volverá	volvería	vuelva	volviera	**participio**
volvemos	volvimos	volvíamos	volveremos	volveríamos	volvamos	volviéramos	vuelto
volvéis	volvisteis	volvíais	volveréis	volveríais	volváis	volvierais	**gerundio**
vuelven	volvieron	volvían	volverán	volverían	vuelvan	volvieran	volviendo

Ebenso: devolver, mover, resolver, volverse, aber reflexiv (imperativo: vuélvete, volveos; gerundio: volviéndose)

Verwendete Begriffe	Erklärungen	Spanische Entsprechungen und Beispiele
Adjektiv	Das Adjektiv begleitet ein Substantiv und ist in Geschlecht und Zahl an dieses angepasst.	El adjetivo: *un chico **guapo**, las casas antiguas*
Adverb	Das Adverb gibt an, wo, wann oder wie etwas getan wird. Es ist unveränderlich.	El adverbio: *La gente canta **alto**.* ***Posiblemente** vaya a Madrid.*
Artikel **bestimmter ~** **unbestimmter ~**	Der Artikel begleitet ein Substantiv.	El artículo ~ determinado: ***el** tío, **la** tía, **los** tíos, **las** tías* ~ indeterminado: ***un** tío, **una** tía, **unos** tíos, **unas** tías*
Bedingungssatz **realer ~** **irrealer ~**	Der Bedingungssatz drückt aus, dass eine Handlung nur unter einer bestimmten Bedingung stattfindet. Diese wird mit *si* eingeleitet und kann real (erfüllbar) oder irreal (nicht erfüllbar) sein.	La oración condicional ~ real: ***Si quieres**, puedes llamarme.* ~ irreal: ***Si tuviera mucho dinero**, lo compraría.*
Bruch(zahl)	Die Bruchzahl drückt ein Teilungsverhältnis aus. Sie besteht aus Zähler und Nenner.	La fracción: *un **sexto**, una **sexta parte**,* *un catorce**avo***
Condicional ***~ simple*** ***~ compuesto***	Das *condicional* drückt einen Sachverhalt aus, der eintreffen kann (z. B. ein erfüllbarer Wunsch) oder der nicht eintreffen kann bzw. nicht eingetroffen ist (z. B. eine „verpasste Gelegenheit").	El condicional ~ simple: *¿Te **gustaría** ir conmigo al cine?* ~ compuesto: *Me **habría gustado** haber viajado con vosotros.*
Demonstrativbegleiter	Der Demonstrativbegleiter definiert das räumliche oder zeitliche Verhältnis zum Sprecher.	El determinante demostrativo: ***Esta** casa es mía.* ***Ese** año fuimos a Chile.*
Demonstrativpronomen	Das Demonstrativpronomen ersetzt das Substantiv. Es bestimmt das räumliche oder zeitliche Verhältnis zum Sprecher.	El pronombre demostrativo: *(¿Te gusta esta blusa?)* *¿**Esa**? No, me gusta **aquella**.*
Diphthongierung	Die Diphthongierung lässt aus einem einfachen Vokal eine Folge von zwei Vokalen (einen Diphthong) werden.	La diptongación: *p**o**der → p**ue**do* *p**e**nsar → p**ie**nsa* *sal**i**r → sal**ie**ndo*
Direkte Rede	Die direkte Rede macht eine wörtliche Aussage. Sie wird in Anführungszeichen gesetzt oder mit Spiegelstrichen wiedergegeben.	El estilo directo: *«Hola, ¿cómo estás?»* *—Bien, gracias. —respondió.*
Femininum	Das Femininum bezeichnet das weibliche Geschlecht.	El femenino: ***la** luna (⟷ dt. der Mond)*
Finalsatz	Der Finalsatz gibt eine Absicht, ein Ziel oder einen Zweck an.	La oración final: *Te lo digo **para que lo sepas**.*
Futur I	Das Futur I erkennt man schnell an seinem Infinitiv-[r]. Es drückt neben der Zukunft auch Vermutungen und Ge- bzw. Verbote aus.	El futuro simple: *En verano **iré** a Madrid.* *¿**Encontrará** pronto trabajo?* *El mandamiento dice: «No **matarás**».*

Verwendete Begriffe	Erklärungen	Spanische Entsprechungen und Beispiele
Futur II	Das Futur II (Futur I von *haber* + Partizip) beschreibt in der Zukunft abgeschlossene Handlungen und Vermutungen.	El futuro compuesto: *Mañana ya* ***habré terminado*** *el trabajo.* *—¿Dónde está? —No* ***habrá encontrado*** *el camino.*
Genus	Das Genus drückt das grammatische Geschlecht von Substantiven aus: Maskulinum, Femininum und Neutrum.	El género: ***el masculino:*** *el chico* ***el femenino:*** *la chica* ***el neutro*** *(p.ej. en alemán): das Mädchen*
Gerundium	Das Gerundium wird in Verbindung mit *estar* als Verlaufsform verwendet. Es steht auch mit anderen Verben oder ersetzt einen ganzen Nebensatz.	El gerundio: *Ahora estoy* ***estudiando****.* *Llevo dos años* ***estudiando****.* ***Yendo*** *al mercado, me encontré con mi madre.*
Grundzahl	Die Grundzahl bezeichnet eine natürliche Zahl.	El número cardinal: ***uno, dos, tres…***
Hauptsatz	Der Hauptsatz ist ein Satz, der für sich allein stehen kann.	La oración principal: ***Me llamo María.***
Imperativ	Der Imperativ drückt einen Befehl bzw. eine Aufforderung aus.	El imperativo: ***Llámame*** *pronto.*
Imperfecto	Das *pretérito imperfecto* wird verwendet für (Hintergrund-)Beschreibungen und sich wiederholende Handlungen in der Vergangenheit.	El pretérito imperfecto: ***Era*** *una tarde triste en la que* ***llovía*** *mucho.* *Todos los veranos* ***íbamos*** *a la casa de mi abuela.*
Indefinido	Man verwendet das *pretérito indefinido* zum Ausdruck abgeschlossener Handlungen und Ereignisse.	El pretérito indefinido: *Ayer me* ***compré*** *un libro de aventuras.*
Indefinitbegleiter	Der Indefinitbegleiter bezieht sich auf ein nicht näher bestimmtes Substantiv.	El determinante indefinido: *Quería saber* ***algunas*** *cosas sobre el viaje.*
Indefinitpronomen	Das Indefinitpronomen ersetzt ein nicht näher bestimmtes Substantiv.	El pronombre indefinido: *—¿Ha llamado* ***alguien****?*
Indikativ	Der Indikativ ist der Modus, der verwendet wird, um Tatsachen auszudrücken.	El indicativo: *Yo* ***trabajo*** *en un banco.*
Indirekte Rede	Ein Verb des Sagens oder Meinens leitet die Aussage einer Person ein.	El estilo indirecto: *Me saluda y me pregunta* ***cómo estoy****.*
Infinitiv	Der Infinitiv bezeichnet die „Grundform" des Verbs. Er wird verwendet als Substantiv, in Verbindung mit Modalverben, Adjektiven, Adverbien und zur Nebensatzverkürzung.	El infinitivo: ***Cantar*** *nos gusta mucho.* *Debes* ***salir*** *más temprano.* *Es posible* ***llegar*** *antes.* *Al* ***llegar****, nos saludó.*
Interrogativadverb	Das Interrogativadverb leitet eine Frage ein.	El adverbio interrogativo: *¿****Adónde*** *vas?*
Interrogativpronomen	Das Interrogativpronomen leitet eine Frage ein.	El pronombre interrogativo: *¿****Qué*** *ves?*
Kausalsatz	Der Kausalsatz gibt einen Grund oder eine Ursache an.	La oración causal: *No quiero estudiar* ***porque estoy cansado****.*
Kollektivzahl	Die Kollektivzahl drückt die Zusammengehörigkeit der gezählten Objekte aus.	El número colectivo: *un* ***par****, una* ***decena****, una* ***docena***

Verwendete Begriffe	Erklärungen	Spanische Entsprechungen und Beispiele
Komparativ	Mit dem Komparativ lassen sich Adjektive, Adverbien und Substantive vergleichen und steigern.	El comparativo: *Es **más** alta **que** yo.* *Habla **menos** claro **que** yo.* *Tiene **tantos** años **como** yo.*
Konjugation	Als Konjugation bezeichnet man die Flexion von Verben.	La conjugación: *ir: **voy, vas, va...***
Konjunktion **~ nebenordnend** **~ unterordnend**	Die Konjunktion verbindet zwei gleichwertige Elemente (nebenordnend) oder leitet einen Nebensatz ein (unterordnend).	La conjunción ~ coordinante: *Llegamos **y** dormimos en un hotel **o** pensión.* ~ subordinante: *Vino **para que** lo ayudaras.*
Konsekutivsatz	Der Konsekutivsatz gibt die Folge an, die die Handlung des Hauptsatzes mit sich bringt.	La oración consecutiva: *Estoy cansado y **por eso no estudio**.*
Konzessivsatz	Der Konzessivsatz gibt eine Einschränkung an, d. h. einen Gegensatz bzw. Gegengrund zur Aussage des Hauptsatzes.	La oración concesiva: ***Aunque llueva**, pasaremos el fin de semana en Cádiz.*
Maskulinum	Das Maskulinum bezeichnet das männliche Geschlecht.	El masculino: ***el** sol (⟷ dt. die Sonne)*
Modalsatz	Der Modalsatz gibt an, wie etwas passiert.	La frase adverbial de modo: *Lo hago **como dices**.*
Modus	Der Modus bezeichnet die grammatischen Kategorien des Verbs: Indikativ, Imperativ, *condicional, subjuntivo*.	El modo: *Te **llamo**.* *¡**Llámame**!* *¿**Podrías llamarme?*** *Pidió que lo **llamara**.*
Nebensatz	Der Nebensatz ist ein Teilsatz, der vom Hauptsatz abhängig ist.	La oración subordinada: *Lo hice **como me dijiste**.*
Numerus	Der Numerus unterscheidet die Anzahl: Singular oder Plural.	El número: ***el singular:** una chica* ***el plural:** los chicos*
Objektpronomen **direktes ~** **indirektes ~**	Das direkte Objektpronomen ersetzt ein Akkusativobjekt (wen? oder was?), das indirekte Objektpronomen ein Dativobjekt (wem?).	El pronombre de objeto ~ directo: *Yo **lo** leo todas las mañanas.* ~ indirecto: *¿Qué **le** vas a regalar **a María**?*
Ordnungszahl	Die Ordnungszahl steht vor dem Substantiv und passt sich an dieses an.	El número ordinal: *el **quinto** piso, las **segundas** partes*
Partizip **~ Perfekt** **~ Präsens**	Ein Partizip kann als Adjektiv, in Verbindung mit Hilfsverben (zusammengesetzte Zeiten, Passiv) und zur Nebensatzverkürzung verwendet werden.	El participio ~ pasado: *La ventana está **abierta.*** ***Comparada** con él, soy baja.* ~ de presente: *un proyecto **excitante***

Grammatische Begriffe

Verwendete Begriffe	Erklärungen	Spanische Entsprechungen und Beispiele
Passiv **Vorgangs ~** **Zustands ~**	Das Passiv betont die Handlung oder das „Ergebnis" der Handlung. Der „Verursacher" (= logisches Subjekt) ist im Passivsatz weniger wichtig und wird oft gar nicht genannt.	La pasiva ~ con ser: *La puerta* ***fue abierta*** *(por Ana).* ~ con estar: *La puerta* ***está abierta****.*
Perfecto	Das *pretérito perfecto* wird verwendet, wenn die Handlung der Vergangenheit einen Bezug zur Gegenwart aufweist.	El pretérito perfecto: *Esta tarde* ***he ido*** *al cine.*
Personalpronomen	Das Personalpronomen ersetzt eine Person.	El pronombre personal: ***yo, tú, él, ella, usted...***
Plural	Der Plural bezeichnet die Mehrzahl.	El plural: ***los*** *chic****os***
Pluscuamperfecto	Das *pretérito pluscuamperfecto* drückt die Vorvergangenheit aus.	El pretérito pluscuamperfecto: *Cuando llegué a la estación, el tren ya* ***se había ido****.*
Possessivbegleiter	Der Possessivbegleiter drückt ein „Besitzverhältnis" aus.	El determinante posesivo: ***Mi*** *novia viene hoy.*
Possessivpronomen	Das Possessivpronomen ersetzt das Subjekt. Es bestimmt, wem etwas „gehört".	El pronombre posesivo : *Pues la* ***mía****, mañana.*
Präposition	Die Präposition setzt verschiedene Elemente in ein Verhältnis zueinander.	La preposición: ***En*** *invierno vamos siempre* ***a*** *Madrid.*
Pronomen	Das Pronomen steht anstelle eines Nomens.	El pronombre (p. ej. pers.): ***Él*** *(= Miguel) es médico.*
Reflexives Verb	Das reflexive Verb drückt eine Tätigkeit des Subjektes aus, die sich auf es selbst bezieht.	El verbo reflexivo: ***lavarse: Me lavo*** *las manos.*
Relativadverb	Das (unveränderliche) Relativadverb leitet den Relativsatz ein, indem es Bezug nimmt auf ein im Hauptsatz bereits genanntes Substantiv.	El adverbio de relativo: *El instituto* ***donde*** *estudio es muy grande.*
Relativpronomen	Das (veränderliche) Relativpronomen leitet den Relativsatz ein, indem es Bezug nimmt auf ein im Hauptsatz bereits genanntes Substantiv.	El pronombre de relativo: *Esa chica,* ***cuyos*** *padres son de Panamá, estudia conmigo.*
Relativsatz	Der Relativsatz wird mit einem Relativpronomen oder -adverb eingeleitet und bestimmt ein (Bezugs-)Wort näher, das bereits genannt wurde.	La oración relativa: *Para el verano busco un lugar* ***que sea tranquilo****.* *La casa* ***que está allí*** *parece tranquila.*
Römische Zahl	Die römische Zahl wird verwendet für die Jahrhunderte, Könige und Päpste.	El número romano: *el siglo* ***XV****, Juan Carlos* ***I***
Singular	Der Singular bezeichnet die Einzahl.	El singular: ***el*** *chic****o***

Verwendete Begriffe	Erklärungen	Spanische Entsprechungen und Beispiele
Subjuntivo	Der *subjuntivo* ist der Modus, der vor allem verwendet wird, um Vermutungen, Wünsche, Wertungen und Skepsis auszudrücken.	El subjuntivo: *Quizá el origen del flamenco* ***sea*** *árabe.* *¡Que lo* ***pases*** *bien!* *Me parece muy mal que poca gente* ***hable*** *gallego.*
Substantiv	Das Substantiv oder Nomen bezeichnet ein Lebewesen, einen Gegenstand oder eine Sache. Es steht meist in Verbindung mit einem Begleiter, durch den es näher bestimmt wird.	El sustantivo: *mi* ***amigo****, un* ***libro*** *aburrido,* *la* ***fiesta*** *de Julia*
Superlativ	Der Superlativ bezeichnet die höchste Steigerungsstufe.	El superlativo: *Es* ***la que más claro*** *habla.*
Temporalsatz	Der Temporalsatz gibt an, in welchem Zeitverhältnis der Nebensatz zum Hauptsatz steht.	La oración temporal: *Lo haremos* ***antes de que llegue mi novio****.*
Verb **regelmäßiges ~** **unregelmäßiges ~**	Das Verb drückt eine Tätigkeit, einen Vorgang oder einen Zustand aus. Es wird konjugiert.	El verbo ~ regular: ***notar, correr, existir…*** ~ irregular: ***ir, ser, tener…***
Verneigung	Im Spanischen werden i. d. R. mehrere Verneinungswörter in einem Satz verwendet. Daher spricht man auch von der „doppelten" Verneinung.	La negación (doble): ***No*** *voy* ***jamás*** *al cine.* *Esto* ***no*** *lo sabe* ***nadie.*** *Yo* ***no*** *lo tengo* ***tampoco****.*
Voseo	Der sog. *voseo* beschreibt die Verwendung von *vos* anstelle von *tú* im lateinamerikanischen Spanisch. Dies hat z. T. Auswirkungen auf die Konjugation.	El voseo: ***Vos tenés*** *30 años.* *(en vez de: Tú tienes 30 años.)*

Bildquellennachweis

Umschlag: Mauritius Images (Alamy), Mittenwald, **U1.2;** PantherMedia GmbH (nito500), München, **U4.1;** iStockphoto (Nikada), München, **U1.1;**

Avenue Images GmbH (Banana Stock), Hamburg, **92.1;** CC-BY-3.0 (flickr.com/Gregor D.), **108.1;** Corbis (G. Bowater), Düsseldorf, **50.1;** Corne (Santiago Cornejo, www.cornecartoons.com), Ciudad de Buenos Aires.C.P.112, **105.1;** dreamstime.com (Andres Rodriguez), **34.2;** (Manologuerrero), **55.1;** (Mlan61), **56.2;** (William87), Brentwood, TN, **80.1;** Erlich, Bernardo, San Miguel de Tucumán, **58.1, 62.1;** Fotolia.com (auremar), **112.1;** (Duncan Noakes), **108.2;** (Gina Sanders), **102.1;** (MM), **27.1;** (prod. jauvrane), New York, **28.1;** Fotosearch Stock Photography (Digital Vision), Waukesha, WI, **76.1;** Geoatlas, Hendaye, **27.2;** Imago, Berlin © Salvador Dali, Fundacio Gala-Salvador Dali/VG Bild-Kunst, Bonn 2012 [Portrait Picasso], **89.1;** Imago, Berlin, **103.1;** Interfoto (Rauch/Archiv Friedrich), München, **66.1;** iStockphoto (Aldo Murillo), **17.4, 44.1;** (drbimages), **34.1;** (gremlin), **91.1;** (Juanmonino), **17.1;** (nem4a), **121.1;** (RF/Francisco Burga C.), **75.1;** (RF/Nancy Louie), **35.1;** (RF/Ryan Tacay), **53.1;** (Warren Jennings), Calgary, Alberta, **111.1;** laif (Miquel Gonzalez), **114.1;** (Pierre BESSARD/REA), Köln, **78.1;** MEV Verlag GmbH, Augsburg, **48.1;** Picture-Alliance (Bernd Jonkmanns/laif), Frankfurt, **115.1;** Ramón. Elpais.com (Ramón. Elpais.com), Madrid, **63.1;** shutterstock (agap), **70.1;** (fotoluminate), **17.3;** (Jan Zoetekouw), **109.1;** (Jarno Gonzalez Zarraonandia), **67.1;** (Jose Ignacio Soto), **25.1;** (Maljalen), **81.1;** (Nagy-Bagoly Arpad), **85.1;** (Natursports), **56.3;** (Vladimir Korostyshevskiy), New York, NY, **25.2;** Thinkstock (Comstock), **32.1;** (Creatas), **60.1;** (iStockphoto), **17.2;** (istockphoto), München, **104.1;** Ullstein Bild GmbH (Lambert), Berlin, **117.1**

Sollte es in einem Einzelfall nicht gelungen sein, den korrekten Rechteinhaber ausfindig zu machen, so werden berechtigte Ansprüche selbstverständlich im Rahmen der üblichen Regelungen abgegolten.